Corinna Onnen-Isemann
Gertrud Maria Rösch

Schwesterherz – Schwesterschmerz

Corinna Onnen-Isemann
Gertrud Maria Rösch

Schwesterherz – Schwesterschmerz

Schwestern zwischen Solidarität und Rivalität

mvg Verlag

Bibliografische Information der Deutschen Bibliothek
Die Deutsche Bibliothek verzeichnet diese Publikation in der Deutschen Nationalbibliografie; detaillierte bibliografische Daten sind im Internet über http://dnb.ddb.de abrufbar.

© 2006 bei mvgVerlag, Redline GmbH, Heidelberg. Ein Unternehmen von Süddeutscher Verlag | Mediengruppe

www.mvg-verlag.de

Alle Rechte, insbesondere das Recht der Vervielfältigung und Verbreitung sowie der Übersetzung, vorbehalten. Kein Teil des Werkes darf in irgendeiner Form (durch Fotokopie, Mikrofilm oder ein anderes Verfahren) ohne schriftliche Genehmigung des Verlages reproduziert oder unter Verwendung elektronischer Systeme gespeichert, verarbeitet, vervielfältigt oder verbreitet werden.

Umschlaggestaltung: coverdesign.net
Redaktion: Marion Appelt, Wiesbaden
Konzeption: Ariadne Buchproduktion, Christine Proske, München
Satz: M. Zech, Redline GmbH
Druck: Himmer, Augsburg
Bindearbeiten: Thomas, Augsburg
Printed in Germany 06255/030601
ISBN 3-636-06255-7

INHALT

Vorwort   9

TEIL I
SCHWESTERNDARSTELLUNGEN – SCHWESTERNIDEAL – SCHWESTERNTYPEN

„Blut ist dicker als Wasser!"
Über die biologische und emotionale
Zusammengehörigkeit von Geschwistern   15

1. Der Unterschied von Schwesternschaft
und Schwesterlichkeit   19
2. Die Ursprünge der kulturellen Schwesternbilder   25
   Schwestern in der Geschichte   25
   Schwestern in der darstellenden Kunst   31
   Schwestern in der Literatur   38
   Schwestern im Film   56

3. Schwestern in der Psychologie   69
   Die ältere Schwester: Leistungsvorsprung
   und Altruismus   70
   Die mittlere Schwester:
   Abhängigkeit und Rivalität   72
   Die jüngste Schwester: Nesthäkchen
   und Gewinnerin   75
   Schwestern und Brüder   76
   Die Rolle der Eltern   78

Geschwister auf der Suche nach einer Nische 82
Die psychologische Typologie auf dem Prüfstand:
Die Geschichte der drei Schwestern Mann 85

TEIL II
SCHWESTERNLEBEN

4. Schwesternbeziehungen im Alltag 99
   Keine Kinder – keine Geschwister 99
   Was sagt die sozialwissenschaftliche Forschung? 105
   Geschwisterbeziehungen im Lebensverlauf 109
5. Die Schwestern-Studie 111
   Wen haben wir interviewt? 111
   „Ich habe sie gehasst und geliebt" –
   Streit und Versöhnung 113
   „Ich wollte es nicht so machen wie sie!" –
   Konkurrenzsituationen 116
   „Schließlich sind wir Schwestern!" –
   Enge Bindung garantiert? 118
   „Nach außen sind wir eine Einheit ..." –
   Familienfeste und Erbschaftsangelegenheiten 119
   Rollen und das Verhältnis zueinander 119
   Geschlechterrollenidentitäten und
   Geschlechterrollenstereotype 122
   „Das kann man so pauschal nicht beurteilen,
   aber ..." – Wie Schwestern sein sollen 136
6. Schwesternleben 145
   „Wie Pech und Schwefel" –
   Schwesternbeziehungen als Tandem 146
   „Ein Mann hat da keine Chance" –
   Symbiotische Beziehungen zwischen Schwestern 147

„Es ging immer nur um sie" – Kommunikationsprobleme seit der Kindheit   148
Schwestern als Freundinnen   149
Die starke andere   150
Schwestern im inner circle   152
Die kooperierenden Schwestern   153

7. Schwesternbiografien   155
Silke   156
Lena   158
Almut   159
Johanna   160

Schlussbemerkung   163

ANHANG   167

Fragen an Schwestern   167

Interpretationshilfe   170

Grundlegende Literatur   177

Anmerkungen   181

Stichwortverzeichnis   188

Über die Autorinnen   192

Vorwort

Die Schwesternkonstellation ist in unserer Lebensgeschichte ebenso bedeutsam wie die Brüderbeziehung – ob wir nun Frauen oder Männer sind, ob in beruflicher oder privater Hinsicht. Erstaunlicherweise wird sie aber weitaus weniger beachtet und hat in keiner Wissenschaft Konjunktur. Dies überrascht umso mehr, weil die Schwesternbeziehung als Thema in allen kulturellen Bereichen wie Kunst, Literatur, Musik und Film vorkam und bis in die Gegenwart behandelt wird. Hinzu kommen die historischen Schwesternbeziehungen, wie sie in Biografien, Autobiografien und in den Human Interest Stories der Medien immer wieder dargestellt werden.

Diese Präsenz des Themas wurde durch unsere eigenen Beobachtungen im Familien- und Freundeskreis bestätigt, denn dort drehten und drehen sich die Gespräche regelmäßig um familiäre Beziehungen und ihr Zustandekommen. So entstand die Idee, das Wesen von Schwesternbeziehungen aus der Sichtweise unserer jeweiligen Wissenschaft zu erforschen.

Die Beziehung zwischen Schwestern kennzeichnen zwei große, sich ergänzende Aspekte:

Zum einen existiert sie in Geschichte und Kunst als überindividuelles Modell. So liefern literarische Texte, Oper und Film unterschiedliche Bilder, wie Schwestern sein können oder sein sollen. Zum anderen wirken diese Modelle aus Kultur und Geschichte in die soziale Realität und in unser persönliches Leben hinein, da sie uns Möglichkeiten eröffnen, unsere eigenen Beziehungen auszugestalten.

Um dieser Besonderheit angemessen Rechnung zu tragen, haben wir uns entschieden, unser Buch in zwei Teile zu gliedern, die den jeweiligen Aspekt detailliert aufgreifen: Zunächst stellen wir die kulturell etablierten, sozusagen die öffentlichen Schwesternbilder vor, die Teil unseres gesellschaftlichen Lebens sind und unser Denken mehr oder weniger stark bestimmen. Neben historischen Schwesternpaaren sind es Schwestern, wie sie in Literatur, Kunst und Film dargestellt werden, die wir analysieren und deren Bedeutung wir interpretieren.

Um die persönlichen Sichtweisen und das individuelle Erleben von Schwestern zu erfassen, haben wir mithilfe eines Fragebogens konkrete Erfahrungen und Biografien ermittelt und ausgewertet. Sie sind die Basis des zweiten, praktischen Teils, in dem wir uns mit dem Alltag von Schwestern auseinander setzen. Wir betonen an dieser Stelle ausdrücklich, dass wir aus Datenschutzgründen die Namen der Befragten frei erfunden und die Interviews anonymisiert ausgewertet haben.

Des Weiteren geben wir einen Überblick über die wichtigen Bereiche der Geschwister- und Geschlechterforschung, insofern sie für die Schwesternbeziehung einschlägige Resultate hervorgebracht haben und somit für uns relevant sind. Dabei konnten wir auf Forschungsergebnisse aus einem Zeitraum von rund zwanzig Jahren zurückgreifen. Im Anhang finden Sie Arbeiten, denen wir wichtige Anregungen und Ergebnisse entnommen haben.

Dieses Buch ist durch die Zusammenarbeit vieler Frauen entstanden, allen voran derjenigen Frauen, die uns den Fragebogen ausgefüllt zurückgeschickt haben. Viele von ihnen haben ihn darüber hinaus noch an andere Schwestern in Familie und Freundeskreis weitergegeben. Ihnen verdankt dieses Buch seinen besonderen Charakter und seine Authentizität. Durch sie erhielten wir zahlreiche Denkanstöße, die uns zu neuen Fragen jenseits der bekannten Theoriemodelle angeregt und unseren Horizont erweitert haben.

Wir sind uns durchaus bewusst, dass unser Leben um ein Vielfaches komplexer ist, als dass es einzelne wissenschaftliche Ansätze beschreiben könnten. Diese Modelle sind dennoch wichtige Verständigungsmöglichkeiten, die es uns erlauben, über unsere individuellen Erfahrungen zu sprechen, um sie so besser zu verstehen.

Wir begreifen dieses Buch als eine Art Anstoß – zum einen möchten wir ein differenzierteres Verständnis der Schwestern- und im weiteren Sinne Geschwisterbeziehung ermöglichen. Zum anderen möchten wir alle Leserinnen und Leser (ob Bruder, Vater, Ehemann, Schwager oder Lebenspartner beziehungsweise -partnerin von Schwestern) ermuntern, uns ihre Meinung und ihre Sichtweisen mitzuteilen. Am Ende des Buches finden Sie eine E-Mail-Adresse, über die Sie uns Ihr Feedback geben können.

Ein besonderer Dank geht an die Teilnehmer und Teilnehmerinnen von zwei literaturwissenschaftlichen Hauptseminaren zu diesem Thema an der Universität Regensburg im Wintersemester 2001/02 und 2002/03. Die darin geführten Diskussionen und gewonnenen Erkenntnisse gingen einerseits in die Vorüberlegungen zu diesem Buch, andererseits in seine Ergebnisse mit ein. Auch im Bereich Gender Studies kam das Thema Schwesternbeziehung im Rahmen einer Lehrveranstaltung über Lebensverläufe von Frauen im Sommersemester 2003 zur Sprache. Daraus gingen für uns ebenfalls zahlreiche weiterführende Fragen hervor.

Im Spätherbst 2003 veranstalteten wir an der Universität Regensburg ein dreitägiges interdisziplinäres Symposium zu diesem Thema, das auf große Resonanz stieß. Die Vorträge dieses Kolloquiums, die inzwischen gedruckt vorliegen, inspirierten uns wiederum zu neuen Ideen und Querverbindungen, die uns letztendlich über den Tellerrand unserer eigenen Wissenschaften hinausschauen ließen und schließlich dazu beitragen, den Horizont der Forschung zur Schwesternbeziehung zu erweitern.

Kein Buch kann ohne kritische Gegenlektüre und die Unterstützung helfender Hände entstehen. Die Anregungen in Gesprächen innerhalb und außerhalb der Universität und die Reaktionen auf die Fragebögen haben uns angehalten, weiterzufragen und das bisher gesichert scheinende Wissen zu überprüfen. In unseren eigenen Familien fanden wir Schwestern (und Brüder), die bereit waren, über sich zu sprechen. So lernten wir während unserer Arbeit an diesem Buch ein Stück mehr verstehen, wie und warum wir wurden, was wir heute sind. In Christine Proske fanden wir eine kompetente Literaturagentin, in Marion Appelt eine engagierte Lektorin – beide standen uns bei Fragen des Inhalts wie der Gestaltung hilfreich zur Seite.

Ihnen allen gebührt unser Dank.

Regensburg, im Oktober 2005

Teil I

Schwesterndarstellungen – Schwesternideal – Schwesterntypen

1
„Blut ist dicker als Wasser!"

Über die biologische und emotionale Zusammengehörigkeit von Geschwistern

Die Geburt als Schwester (oder Bruder) ist der Beginn einer blutsverwandtschaftlichen Beziehung, die ein Leben lang andauert. Entsprechend unserem kulturellen und rechtlichen Verständnis geht man von Geschwistern aus, wenn Kinder gemeinsame leibliche Eltern haben und damit zu etwa 50 Prozent identische Erbanlagen aufweisen.

Die Beziehungen zwischen Geschwistern sind also biologisch unaufkündbar. Sie sind es ebenso im rechtlichen Sinne, denn die biologische Verwandtschaft hat juristische Konsequenzen wie etwa den gesetzlichen Pflichtteil. Hier bestimmt die Erbfolge, dass wir als begünstigte Hinterbliebene unseren Geschwistern das geben müssen, was ihnen rechtlich zusteht.

Es ist aber die gemeinsame Vergangenheit und das Aufwachsen miteinander, die Geschwister prägen und verbinden – biologische Übereinstimmung und juristische Festlegungen spielen eine eher untergeordnete Rolle. Die gemeinsame Kindheit und Jugend ermöglichen es ihnen, sich ein Leben lang im Alltag und in kritischen Lebenssituationen sozial zu unterstützen. Das Sprichwort „Blut ist dicker als Wasser" geht über den Faktor leibliche Verwandtschaft hinaus und bringt die psychologische Erkenntnis auf den Punkt.

Leibliche Geschwister können einander weder auswählen noch können sie sich ihre Position in der Geschwisterreihe aussuchen. Insbesondere in den letzten Jahren wurde der Begriff Geschwister weit differenziert, da wir aufgrund von wechselnden Familienkonstellationen – man denke nur an die Patchworkfamilie – neben leiblichen Schwestern und Brüdern zwischen Halb-, Stief- und Pflegegeschwistern unterscheiden. Auch enge Freundschaften und Beziehungen außerhalb der blutsverwandten Familie werden als schwesterlich verstanden.

Der Psychologe und Therapeut Peter Kaiser hat herausgearbeitet, wie sich Geschwister in ihrer Persönlichkeit gegenseitig beeinflussen. Er zeigt, dass der Grad der Erwünschtheit eines Kindes, der Altersabstand zu anderen Kindern und das Geschlecht ebenfalls prägende Faktoren sind.[1] Danach entwickeln Menschen bereits als Kinder je nach Position in der Familie und in der Geschwisterfolge Eigenschaften wie Nähe und Distanz oder die Gleichheit in der Aufgabenverteilung, wie sie besonders in Paarbeziehungen später eine Rolle spielen. Die Reihenfolge von Schwestern und Brüdern bestimmt also Lebenseinstellung und Leistungsverhalten in großem Maß und lang anhaltend. Das ausgeprägte spätere Engagement einer älteren Schwester kann darauf zurückzuführen sein, dass ältere Schwestern sich zum Beispiel deutlich stärker für jüngere Geschwister verantwortlich fühlen, und dieses noch in weitaus stärkerem Maß, wenn es sich hierbei um jüngere Schwestern handelt. Die jüngeren Schwestern hingegen reagieren unterschiedlich auf ihre ältere Schwester: Es gibt Konstellationen, in denen die ältere als nachahmenswertes Vorbild fungiert. In anderen Fällen wird die Ältere vollständig von der Jüngeren abgelehnt.

Interessanterweise scheinen sich jedoch in den Vorstellungen der Menschen über die ideale Schwesternbeziehung Bilder von Harmonie und gegenseitigem Verständnis verfestigt zu haben. Die Ergebnisse unserer empirischen Studie bestätigen diese Annahme.

Buch Habel GmbH & Co. KG
www.buchhabel.de
Hochstraße 88 - 90
47798 Krefeld
Tel. 0 21 51 / 66 98 00

QUITTUNG

Artonage ... (...? P-574/8)
2060540359   7,98
Rabatt 50,00 % =   -3,98
           Neuer Preis   3,97

Total: 3,97 EUR

                                       5,00 EUR
Rück: 1,00 EUR

	MWSt	Netto	Brutto
19,00%	0,63	3,34	3,97

04.2009 16:31:20   271-1-252
                                         001

Buch Habel sagt Danke
Beleg gilt als Quittung
Finanzamt Darmstadt 07 303 00574

ich zu, dass diese Tatsache in eine Sperrdatei aufgenommen werden ka
Sofern der Händler an der Sperrdatei teilnimmt, wird die Sperrung nach
gleichung des Rechnungsbetrages oder nach Nachweis der Rechtmäßig
des Widerspruchs wieder aufgehoben.
Speichernde Stelle für Zwecke der Zahlungsabwicklung ist neben dem ums
genannten Unternehmen die easycash GmbH, Am Gierath 20, 40885 Ratin
die auch die oben genannte Sperrdatei für teilnehmende Händler f

---

Unterschrift

www.easycash.

1. Ermächtigung zum Lastschrifteinzug
Ich ermächtige hiermit das umseitig genannte Unternehmen oder die
diesem beauftragte easycash GmbH, Am Gierath 20, 40885 Ratin
umseitig ausgewiesenen Rechnungsbetrag von meinem durch Ko
nummer und Bankleitzahl bezeichneten Konto durch Lastschrift einzuzie
2. Ermächtigung zur Adressweitergabe
Ich weise mein Kreditinstitut, das durch umseitig angegebene Bankleit
bezeichnet ist, unwiderruflich an, bei Nichteinlösung der Lastschrift oder
Widerspruch gegen die Lastschrift dem umseitig genannten Unterneh
oder der easycash GmbH, Am Gierath 20, 40885 Ratingen, auf Aufforde
meinen Namen und meine Adresse mitzuteilen, damit die Ansprüche ge
mich geltend gemacht werden können.
3. Einwilligung gemäß § 4a BDSG
Ich bin damit einverstanden, dass meine Daten für Zwecke der Zahlu
abwicklung elektronisch gespeichert und verarbeitet werden. Sollte
Rahmen der Zahlungsabwicklung die Lastschrift von meiner Bank n
eingelöst werden oder sollte ich der Lastschrift widersprechen, stin
ich zu, dass diese Tatsache in eine Sperrdatei aufgenommen werden k
Sofern der Händler an der Sperrdatei teilnimmt, wird die Sperrung nach
gleichung des Rechnungsbetrages oder nach Nachweis der Rechtmäßig
des Widerspruchs wieder aufgehoben.
Speichernde Stelle für Zwecke der Zahlungsabwicklung ist neben dem ums
genannten Unternehmen die easycash GmbH, Am Gierath 20, 40885 Ratin
die auch die oben genannte Sperrdatei für teilnehmende Händler f

---

Unterschrift

www.easycash.

1. Ermächtigung zum Lastschrifteinzug
Ich ermächtige hiermit das umseitig genannte Unternehmen oder die
diesem beauftragte easycash GmbH, Am Gierath 20, 40885 Ratin
umseitig ausgewiesenen Rechnungsbetrag von meinem durch Ko
nummer und Bankleitzahl bezeichneten Konto durch Lastschrift einzuzie
2. Ermächtigung zur Adressweitergabe
Ich weise mein Kreditinstitut, das durch umseitig angegebene Bankleit
bezeichnet ist, unwiderruflich an, bei Nichteinlösung der Lastschrift oder
Widerspruch gegen die Lastschrift dem umseitig genannten Unterneh
oder der easycash GmbH, Am Gierath 20, 40885 Ratingen, auf Aufforde

Uns geht es vorwiegend um Schwestern in ihrem Verhältnis zueinander, wenn auch immer wieder das Verhältnis zu Brüdern eine Rolle spielt. Zahlreiche Erkenntnisse in der Familiensoziologie und -psychologie treffen auf Brüder wie Schwestern zu, dennoch gibt es überraschend viele und bislang vernachlässigte Tatsachen, die speziell das Verhältnis von Schwestern kennzeichnen und erklären.

Wir gehen der Frage nach, was die schwesterliche Beziehung auszeichnet und was sie von der zwischen Bruder und Schwester beziehungsweise von der zwischen zwei Brüdern unterscheidet. Die Familienforschung hat diesen kleinen Unterschied zwischen den Geschlechtern weitgehend ignoriert; ebenso wurde die elterliche Rolle oft auf den mütterlichen Part reduziert. Väter oder gar Großeltern sowie andere Angehörige des Familienverbandes bleiben oft ganz außen vor, ganz zu schweigen von der nachbarlichen Umgebung und vom gesellschaftlichen und kulturellen Umfeld.

Wie jemand mit familiären Gegebenheiten umgeht, ist sehr verschieden und ausschließlich kulturell geprägt. Dabei spielen die Einstellung der übrigen Familienmitglieder sowie Werte und die materiellen Lebensverhältnisse eine zentrale Rolle. Ein gutes Beispiel dafür liefert die Schriftstellerin Simone de Beauvoir in ihrem biografischen Roman *Memoiren einer Tochter aus gutem Hause*: „Ich war für meine Eltern ein neues Erlebnis gewesen; meine Schwester hatte weit größere Mühe, sie in Staunen zu setzen oder aus der Fassung zu bringen; mich hatte man noch mit niemandem verglichen, sie aber verglich jeder bestimmt mit mir." Vergleich und Unterscheidung bestimmen den Umgang der Familienmitglieder mit den zwei Mädchen ganz deutlich. Kommen nun noch materielle Faktoren hinzu wie Wohlstand und Bildung, müssen sie ebenfalls im Spiel des Abgrenzens und Konkurrierens berücksichtigt werden. Die Eltern und die anderen Erwachsenen könnten sich den Töchtern Beauvoir gegenüber aber auch ganz anders verhalten: Sie könnten ausgleichend wirken und die beiden Mädchen darin unterstützen, einzigartige und starke Persönlichkeiten zu entwickeln, die sich ergänzen.

Eines scheint jedenfalls gewiss zu sein: Anders als bei Bruder-Schwester-Konstellationen wird von Schwestern seitens des gesellschaftlichen und sozialen Umfelds erwartet, dass sie sich ähnlich verhalten. Die Ältere hat gewissermaßen die Vorreiterin zu sein und die Jüngere muss ihr folgen.

Daher sind die kulturellen Einflüsse, die von Film, Werbung, Kunst, Literatur und Geschichte ausgehen, für unser Anliegen so unerlässlich. Denn nur so können wir die fast selbstverständlich gewordenen Mechanismen begreifen, die heute unsere Beziehungen zueinander und untereinander bestimmen und beeinflussen.

2
Der Unterschied von Schwesternschaft und Schwesterlichkeit

Aus der biologischen Tatsache heraus, dass zwei Frauen von den gleichen Eltern abstammen und damit als Schwestern bezeichnet werden, wird sehr schnell auch die emotionale Verbundenheit von Schwestern hergeleitet und vorausgesetzt. Man unterstellt ihnen so ein Verhalten, das sich durch Zusammengehörigkeit, Sanftheit und Fürsorge auszeichnet. Schwestern stehen damit unter einem doppelten Harmoniezwang: Zum einen sind sie biologisch verbunden und zum anderen stehen sie unter dem Erwartungsdruck, sich besonders weiblich zu verhalten. Mit weiblich sind hier vor allem kooperative und kommunikative Fähigkeiten gemeint.

Familiärer Zusammenhalt und Harmonie werden also bis heute stärker von Frauen und damit auch von Schwestern erwartet als von Männern und Brüdern. Da die Anfänge dieser Haltung sich vor rund zweihundert Jahren schnell etablierten, konnte sich diese Einstellung fest und nachhaltig in unserem Bewusstsein verankern.

Friedrich Schillers Ode *An die Freude*, 1824 von Ludwig van Beethoven als Teil seiner neunten Symphonie vertont, ist dafür ein schönes Beispiel. In ihr ist der Unterschied von Mann und Frau und damit auch der zwischen Brüdern und Schwestern außerhalb jeder Familienpsychologie manifestiert. Wie selbstverständlich heißt es dort: „Alle Menschen werden Brüder". Auf dieses Missverhältnis weist die amerikanische Germanistin Ruth Klüger in einer pointierten Argumentation hin: „Eigentlich, so dachte ich, sollte es ,Geschwister' heißen, wenn auch Frauen gemeint sind."[2]

Schillers Wortwahl beweist einmal mehr, wie selbstverständlich im 18. Jahrhundert Frauen aus bestimmten Denk- und Handlungszusammenhängen, in diesem Fall aus dem politischen Geschehen, ausgegrenzt wurden. Der Text hatte zur Entstehungszeit eine politische Aussage, die heute leicht vergessen wird, denn seine ursprüngliche Überschrift sollte „An die Freiheit" lauten. Brüderlichkeit und Freiheit sind zusammen mit der Gleichheit die zentralen Forderungen der Französischen Revolution gewesen: „fraternité", „égalité" und „liberté". Mit dem brüderlichen, d.h. gleichberechtigten Zusammenwirken aller Menschen (und darunter verstand man eben ausschließlich Männer) verband sich im 18. Jahrhundert also eine politische Zielvorstellung, die letztendlich erfolgreich war und zu heutigen Formen der Demokratie und politischen Ordnung führte.

Stillschweigend wurde in dieser gesellschaftlichen Entwicklung den Frauen der nicht-öffentliche Lebensbereich zugewiesen. Sie wurden und waren beschränkt auf die Privatheit, und zwar auf die Bereiche der Familie und des Hauses. Dort erfüllten sie eine komplementäre, d.h. eine die Aufgaben des Mannes ergänzende Funktion. Während er bezahlter Arbeit nachging, waren Frauen von dieser freigestellt, stattdessen waren sie für die Organisation des täglichen Lebens und der Kindererziehung verantwortlich. Zudem mussten sie für die emotionale Ausgestaltung der Partner- und Familienbeziehung Sorge tragen.

Wiewohl diese Aufgabenverteilung sich schrittweise über das ganze 18. Jahrhundert aus den gesellschaftlichen Verhältnissen ergab und somit kulturell erzeugt war, wurde sie zugleich als natürliche Eigenschaft der Frauen dargestellt. Die zeitgenössische Pädagogik ebenso wie Literatur und Philosophie der damaligen Zeit stellten gleichermaßen die Frau als die natürliche Ergänzung des Mannes dar und zementierten damit vor allem die persönlichen Rangunterschiede zwischen den Geschlechtern. In der so entstandenen Geschlechterpolarität blieb die Frau immer auf den Mann bezogen und damit in einem umfassenden Sinne von diesem abhängig.[3]

Weil Arbeit auch Selbstentfremdung und Konkurrenz bedeutete, sah man die weibliche Existenz als frei von solchen gesellschaftlichen Zwängen und begriff sie als ideal – und zwar für Frauen wie Männer, nur konnten die Männer einer solchen idealisierten Lebensweise nicht nachgehen. Dadurch gerieten Frauen aber wiederum in einen Zwang ganz anderer Art: Sie mussten diese ihnen zugewiesene Existenz auch ausfüllen und durften sich die den Männern zugeschriebenen Eigenschaften wie Rationalität, Selbstständigkeit und Intelligenz nicht zu Eigen machen. Heute ist die Begrenztheit und langfristig zerstörerische Wirkung der Stereotypen von Mann und Frau allgemein erkannt.

An Mozarts Oper *Così fan tutte* von 1790 lässt sich ablesen, welche utopische Hoffnung mit der weiblichen und speziell der schwesterlichen Existenz verbunden wurde. Die beiden Schwestern Dorabella und Fiordiligi werden von ihren Verlobten Ferrando und Guglielmo bewusst in einen inneren Konflikt gebracht. Die beiden Männer machen ihnen weis, in den Krieg ziehen zu müssen, sie kehren aber gleich nach dem Abschied von ihren Geliebten verkleidet zu ihnen zurück und beginnen aufs Heftigste mit den Frauen zu flirten. Diese bleiben aber völlig unbeeindruckt und sind standhaft. Erst als die beiden Männer vorgeben, sich aus Liebeskummer das Leben nehmen zu wollen, lassen sich die Schwestern dazu bewegen, ihre Zuneigung gegenüber den neuen Angebeteten einzugestehen. Dabei kommt es zu einem Partnertausch: Dorabella verliebt sich in Guglielmo, während Ferrando mit

Erfolg um die etwas ängstlichere Fiordiligi wirbt. Letztendlich erhält er ihren Kuss als Zeichen ihrer Liebe. Daran zerbricht die Freundschaft der beiden Männer beinahe, denn obwohl sie die Tugendprobe inszeniert haben, beginnen sie zu streiten, nachdem sich ihre Verlobten dem jeweils anderen zuwenden. Am Ende wollen sie die Frauen sogar dafür bestrafen. Ein glücklicher Ausgang ist nur möglich, weil sich die Verführung und die Heirat als Inszenierung entpuppen.

Die Verbundenheit der Schwestern wird an keiner Stelle im Stück in Frage gestellt. Allein die emotionale Treue von Dorabella und Fiordiligi zueinander bestätigt also die Forderung nach Wahrhaftigkeit und Treue – ihr Verhalten zueinander entspricht also humanen Idealen.

Die Beziehung zwischen Mann und Frau in *Così fan tutte* ist von ganz anderer Qualität als das Verhältnis der beiden Männer zueinander, die sehr schnell zu Rivalen werden.

Dorabella und Fiordiligi verkörpern das menschliche Ideal von Treue deshalb besonders eindringlich, weil sie biologische Schwestern sind, die sich zueinander auch schwesterlich verhalten.[4]

Der ernste Kern dieser komischen Oper – die sehr oft unterschätzt wird – liegt darin, dass erstrebenswerte Ideale wie Wahrhaftigkeit, Treue und Freundschaft als gefährdet und nicht selbstverständlich verstanden und dargestellt werden. Mozarts Oper zeigt exemplarisch, dass in der Literatur und Musik des 18. Jahrhunderts harmonisch-utopische Formen überwiegen. Die biologische Schwesternschaft wird mit Schwesterlichkeit verbunden.

Insbesondere Schwesternfiguren in der Literatur waren dazu gedacht, Leserinnen und Lesern Möglichkeiten einer harmonischeren und damit humaneren Gestaltung der bürgerlichen Gesellschaft aufzuzeigen. Obwohl dieser Anspruch bereits damals schon in Frage gestellt wurde, wird diese

Erwartung bis in die Gegenwart stereotyp an Schwestern herangetragen und ist heute ebenso schwer zu erfüllen wie damals. Nichtsdestotrotz geht von dem Stereotyp ein Erwartungsdruck aus; und wenn das Verhalten von Frauen den Vorstellungen nicht entspricht, droht ihnen die symbolische Sanktion, d.h., sie werden als lieblos und unweiblich wahrgenommen. Streitende Frauen und insbesondere Schwestern sind schneller Opfer eines Verdikts als Männer – man denke nur an Begriffe wie Zickenkrieg und Weiberstreit.

Das Stereotyp – Frauen seien sehr harmoniebedacht und hätten Mitgefühl – ist kulturell sehr stark verwurzelt. So wird es beispielsweise in unserem Denken und daher auch in unserer Sprache offenbar. Das Nomen Schwester – weibliches Kind der gleichen Eltern – hat eine biologische Bedeutung und kann sich auf weibliche Verwandte in einem weiteren Sinn beziehen. So heißt zum Beispiel Schwägerin im Englischen „sister-in-law". Im Deutschen ist Schwester der gängige Ausdruck für Angehörige eines Nonnenordens oder für weibliches Personal in der Pflege. In beiden Fällen werden damit positive Aspekte wie Mitgefühl, Nähe, Zusammenhalt und Hilfe verbunden. Schwesterliches Verhalten erhält also allein durch das, was man mit dem Begriff assoziiert, den Rang eines Ideals, denn es bezeichnet indirekt ein positiv besetztes menschliches Verhalten.

Angesichts dieser Vielzahl von Bedeutungen, die das Wort Schwester in der Alltagssprache hat, ist es sinnvoll, an dieser Stelle zwischen der biologischen und der emotionalen Bedeutung zu differenzieren, um Missverständnissen künftig vorzubeugen. Wir verstehen Schwesternschaft als Bezeichnung für die biologische Gegebenheit, dass zwei Frauen von einem gemeinsamen Elternteil abstammen. Mit Schwesterlichkeit hingegen meinen wir die absichtsvoll und bewusst in Gesten und Worten ausgedrückte Nähe und den engen Zusammenhalt von zwei Frauen.⁵ Beide Komponenten, die biologische Schwesternschaft und die emotionale Schwesterlichkeit, werden hier häufig zusammenfallen.

Wir alle halten es für den „Normalfall", dass Schwestern harmonisch einander verbunden sind und solidarisch zueinander stehen – und fallen damit schon dem kulturellen Stereotyp zum Opfer. Wenn biologische Schwestern sich aber nicht schwesterlich verhalten, dann neigen wir dazu, sie als zänkisch, neidisch und streitsüchtig anzusehen, denn mit ihrem Verhalten verstoßen sie gegen das doppelte Harmoniegebot, das wir bereits beschrieben haben. Beim Blick auf Literatur und Film wird sich allerdings zeigen, dass die spannenden Schwesterngeschichten immer dann entstehen, wenn Schwestern sich nicht-schwesterlich verhalten.

3
Die Ursprünge der kulturellen Schwesternbilder

Schwestern in der Geschichte

Schwesternpaare in der Geschichte gehören zu den Modellen, an denen sich die Sichtweise auf schwesterliches Verhalten und seine Bewertung ausgebildet hat und noch immer orientiert. Sie sind sehr zahlreich vertreten, auch wenn sie oft weniger gewürdigt worden sind als die Ehemänner und Söhne. Es dauerte seine Zeit, bis die Frauenbewegung der Forschung die nötigen Anstöße gegeben hatte und Schwesternpaare gebührend beachtet wurden – inzwischen sind sie jedoch gut erforscht. Erst die Lektüre ihrer aller Biografien offenbart, was sich häufig nicht erschließt, nimmt man sich lediglich der Lebensgeschichte einer einzelnen Frau an.

Die Publizistin und Lektorin Katharina Raabe hat vierzehn biografische Schwesternporträts zusammengetragen und somit einen weißen Fleck auf der historischen Landkarte gefüllt, der nicht zu unterschätzen ist. Denn wer ist in der Lage – die Musikwissenschaftler und -wissenschaftlerinnen unter Ihnen ausgenommen –, die drei Schwestern von Mozarts Frau Constanze zu benennen? Dabei schrieb er nicht nur für Constanze, sondern vor allem für die Älteste der Schwestern. Aloysia war eine gefeierte Diva in Wien, der er Partien und Konzertarien widmete. Andere Stücke waren für Josepha bestimmt, so sind die Koloraturpassagen der Königin der Nacht auf deren Stimme zugeschnitten.

Lilli Palmer (1919–1986) antwortete 1975 in einem Interview auf die Frage, was für sie das Wesentliche sei: „Mein Mann, mein Sohn, meine Schwestern." Wer weiß davon und hat darüber Kenntnis, dass Lilli Palmer ihre Schwestern und ihre Mutter 1936 aus Deutschland nach London holen konnte, weil sie als Jüdinnen in Deutschland zunehmend verfolgt und ausgegrenzt wurden?

Alice und Ellen Kessler etwa brauchen sich als Schwestern, denn als solche wurden sie geradezu ein Markenname im Show-Geschäft.[6]

Wir haben uns für ein anderes Schwesternpaar entschieden, an dem sich die Solidarität und Nähe besonders gut zeigen, die Schwestern einander geben können. Es handelt sich um die bayerischen Prinzessinnen Helene und Elisabeth, von denen die jüngere als österreichische Kaiserin ein prominentes und hochtragisches Leben führte, während die Ältere eher unspektakulär die Frau des Regensburger Fürsten von Thurn und Taxis wurde. Es sei hier nur am Rande bemerkt, dass die Schreibung Sissi allein auf die Filme mit Romy Schneider zurückgeht, denn eigentlich war Sisi die Kurzform ihres Namens Elisabeth.

Elisabeth wurde 1837 geboren und war das dritte von acht Kindern des herzoglichen Paares Maximilian und Ludovika in Bayern. Helene war drei Jahre älter als sie. Neben den drei Brüdern Ludwig, Carl Theodor und Max Emanuel gab es noch drei weitere Schwestern: Marie, Mathilde und Sophie. Letztere sollte den späteren bayerischen König Ludwig II. heiraten, dieser löste jedoch die Verlobung nach einem Jahr.

In dieser großen Geschwistergruppe, die von den Eltern sehr frei und bescheiden erzogen wurde, war Helene Sisis Lieblingsschwester. Von der Familie kurz Nené genannt, erschien sie ihrer Tante Sophie als die passende Frau für deren Sohn, den österreichischen Kaiser Franz Joseph (geboren

1830). Wie es damals durchaus üblich war, vereinbarten die Schwestern Sophie und Ludovika die Verbindung der beiden und arrangierten das Kennenlernen in Bad Ischl.

Anders als von den Müttern geplant, verliebte sich der Kaiser in die jüngere Elisabeth. Diese war von ihm und seiner Ausstrahlung so bezaubert wie er von ihrer Schüchternheit. Franz Joseph zögerte nicht lange und verlobte sich mit ihr. Die beiden Mütter stimmten der Liebesheirat umso bereitwilliger zu, da sie selbst liebesarme Standesehen hatten schließen müssen.

Elisabeths Leben ist weithin bekannt: Sie begann unter den Repräsentationspflichten am Hof zu leiden und musste gegen die militärisch-konservative Seite der Familie ankämpfen. Dies war umso schwieriger, da sich neben der Schwiegermutter Sophie auch der junge Kaiser dieser Seite angeschlossen hatte. Ein weiterer Anlass zu Konflikten war die Erziehung der Kinder, vor allem die des Kronprinzen Rudolf. Da man Sisi häufig als schön, aber einfältig beurteilte und entsprechend behandelte und nicht ernst nahm, zog sie sich ihrerseits in ihre eigene Welt, eine Welt der Kunst und der Dichtung, zurück. Zunächst machten Krankheiten ihre Reisen in den Süden erforderlich, später aber wurde Reisen für sie ein Weg, um sich dem Ehemann und dem Zeremoniell des Hofes zu entziehen.

In zahlreichen Darstellungen über die Kaiserin tritt Helene unmittelbar nach dem Heiratsentschluss Sisis mit Franz Joseph in den Hintergrund. Sie wird nurmehr selten erwähnt.[7] Man stelle sich vor, dass die ältere Schwester nach der Verlobung am 18. August 1853 in Ischl das Brautpaar sogar auf seinen Ausfahrten begleiten musste, denn der Anstand verlangte dies. Das Protokoll war sich dieser Peinlichkeit weder bewusst noch nahm man auf die Verletztheit Helenes Rücksicht.[8]

Die Heirat fand am 24. April 1854 statt und bereits während der Hochzeitstage hingen die beiden Schwestern unerschütterlich aneinander und waren ständig zusammen. So bemerkte ihre Mutter Ludovika: „Solange die Schwestern vereinigt waren, steckten sie immer beisammen und sprachen immer englisch."[9] Da es am Wiener Hof nicht üblich gewesen war, Englisch zu sprechen – selbst der Kaiser war dieser Sprache nicht mächtig –, stellt diese Art Geheimsprache sowohl eine sichtbare Provokation wie auch eine unübersehbare Geste der Zusammengehörigkeit, also der emotionalen Schwesterlichkeit, dar. Dieser Umstand muss nach der für Helene so unglücklich verlaufenen Verlobungsgeschichte umso mehr überrascht haben; an keiner Stelle ist ein Anzeichen von Neid der beiseite geschobenen Älteren gegenüber der Jüngeren zu erkennen. Dasselbe trifft auf Elisabeth zu, denn als sich der Erbprinz von Thurn und Taxis um Helene bemühte, war sie ihrer Schwester gegenüber nicht minder solidarisch. Da er aus keinem regierenden Haus stammte, zögerte der bayerische König zunächst mit der Zustimmung zur Ehe. Letztendlich gaben sich Helene und Maximilian Anton 1858 doch noch das Ja-Wort. Die Ehe war harmonisch und glücklich und Helene brachte zwei Töchter und zwei Söhne zur Welt. Im Jahre 1867 verstarb aber ihr Mann nach der Geburt des vierten Kindes, so dass sie bis 1871 stellvertretend für ihren Sohn Maximilian die Regentschaft übernehmen musste. Da dieser ebenfalls 1885 frühzeitig starb, musste sie erneut die Regierungsverantwortung des Fürstentums übernehmen, bis der andere Sohn, Albert Maria Lamoral, so weit war.

Helene starb 1890 in Regensburg, wohin auch Elisabeth mit ihrer Tochter Valerie gekommen war. Sisis Tochter hat die Begrüßung der beiden Schwestern festgehalten – die Vertrautheit der beiden Frauen ist nicht zu übersehen: „Tante Néné, die gar nicht ans Sterben glaubte, freute sich, Mama zu sehen und sagte zu ihr ‚Old Sisi' – sie und Mama sprachen fast immer englisch zusammen. – ‚We two have had hard puffs in our lives', sagte Mama. ‚Yes, but we had hearts', antwortete Tante Nené ..."[10]

Was befähigte Helene und Elisabeth zu solch neidloser Solidarität, obwohl jede das Leben der anderen durch die bloße Existenz entscheidend und unerwartet beeinflusst hatte? Da diese Frage im Hinblick auf die Biografien der beiden Frauen bis jetzt nicht gestellt worden ist, können wir hier nur spekulieren.

Zunächst einmal standen beide als Hochadlige unter dynastischem Zwang. Sie wussten, dass sie zu gehorchen hatten, wenn das politische Kalkül diese eine Ehe für sie bestimmt hatte. So soll Elisabeths Mutter später auf die Frage nach der Heirat geantwortet haben: „Dem Kaiser von Österreich gibt man keinen Korb."[11] Andererseits konnten beide Frauen so die Verantwortung für ihr jeweiliges Leben ein Stück weit von sich weisen, denn sie hatten nicht selbstständig gehandelt, da andere die Fäden gezogen hatten.

Sisis sichtbarer Erfolg, ihre von vielen bewunderte Schönheit wie auch der materielle Wohlstand sowie die herausragende Position, die sie nun beanspruchen konnte, hätten in Helene zweifellos Neid hervorrufen können. Stattdessen scheinen die beiden füreinander eine Art loyale Akzeptanz entwickelt zu haben, die in der Geschwisterforschung als positives und tragendes Gefühl erkannt und gewertet wird.[12] Dabei nehmen Schwestern – und Brüder – die Verschiedenheit des anderen an und entwickeln die grundsätzliche Überzeugung, dass neben der Abhängigkeit voneinander auch die gegenseitige Hilfsbereitschaft unaufkündbar ist. Weichen die jeweiligen Lebenserfolge wie etwa bei Elisabeth und Helene stark voneinander ab, so werden die weniger Erfolgreichen zu Helfern, während die Erfolgreichen ihre größeren Ressourcen nutzen, um den anderen zu unterstützen. Diese Positionen bleiben meist bestehen und verfestigen sich zu Respekt und Loyalität für das andere Geschwister. Zu Rivalität und Neid kommt es nicht.

So wurde Helene für die jüngere Schwester als stützende Familienangehörige unerlässlich. In ihrer Gegenwart – wie auch im Beisein anderer Geschwister – genas die Kaiserin meist von ihren Krankheiten. In der Regel erkrankte sie an Husten, der häufig zu schweren Lungenentzündungen führte. 1861 reiste Helene mit Elisabeth nach Korfu, wo sich Elisabeth von ihrer Schwäche erholte. Sie bemühte sich redlich, der labilen jüngeren Schwester Mut und Stärke für ihre Aufgaben in Wien zuzusprechen, jedoch ohne nachhaltigen Erfolg.

Nicht zuletzt waren die beiden Frauen katholisch und damit von einer Religion geprägt, zu deren zentralen Vorstellungen die ausgleichende Gerechtigkeit und der himmlische Lohn für das gelebte irdische Leben gehören. Helene, die in einigen Arbeiten als gläubig und ungewöhnlich sozial engagiert beschrieben wird, mochte darin einen Trost finden, dass Ruhm und Reichtum im irdischen Leben vergänglich sind und nicht den wahren Wert eines Menschen ausmachen. Elisabeths Leben hingegen mit seinen Phasen der Niedergeschlagenheit und der Vereinsamung im Alter (ihre zwei Schwestern Helene und Sophie starben vor ihr) kann gut als Beispiel ausgleichender Gerechtigkeit verstanden werden, bei der äußerer Erfolg mit persönlichen Niederlagen bezahlt wird.

Wir haben festgestellt, dass beiden jungen Frauen die Strategien zur Neidvermeidung eher unbewusst vermittelt wurden. Das Gleiche gilt für das Harmoniegebot, unter dem sie als leibliche Schwestern stets gestanden haben.

Ein berühmtes Beispiel dafür, dass Schwestern trotz sehr gegensätzlicher Temperamente und sehr unterschiedlicher Lebensweisen auch dann noch als sich gleichende und sehr innig verbundene Frauen dargestellt werden, sind die preußischen

Prinzessinnen Luise und Friederike. Gottfried von Schadow hat sie einander eng umschlingend im Doppelstandbild verewigt, auf das wir im folgenden Kapitel ausführlich eingehen werden. Diese zwei als Ideal dargestellten Schwestern gehörten sogar zur unmittelbaren Verwandtschaft von Elisabeth und Helene, denn die ältere Schwester der beiden Preußenprinzessinnen, Therese, hatte bereits einen Thurn und Taxis geheiratet.[13] Auch wenn diese beiden Fürstinnen in Wirklichkeit sowohl Phasen enger Verbundenheit wie großer Distanz erlebten, diente ihre berühmte Skulptur dazu, nach außen das positive Stereotyp idealer, inniger Schwesterlichkeit zu vermitteln.

Schwestern in der darstellenden Kunst

Die vorbildliche Repräsentation inniger Schwesterlichkeit bietet die bereits erwähnte Darstellung der preußischen Prinzessinnen Luise und Friederike von Johann Gottfried Schadow aus dem Jahre 1797. In dieser Marmorgruppe, die heute in der Alten Nationalgalerie in Berlin zu sehen ist, steht die ältere der beiden, Luise, in entspannter Haltung und richtet den Blick ihres ernsten Gesichtes in die Ferne. Ihre Schwester Friederike hat eng und liebevoll den rechten Arm um Luises Taille gelegt und greift mit der linken Hand nach deren Arm, der auf ihrer Schulter liegt. Ihr Gesichtsausdruck ist eine Spur anmutiger und kindlicher. Allein darin und in der engeren Berührung ist Friederike als die jüngere Schwester erkennbar. Die beiden sind beinahe gleich groß, haben eine ähnliche Statur und ihre Kleider im antiken Stil gleichen einander ebenfalls. Die Falten des Stoffes fallen zahlreich um den Körper. Kleidung und Frisur betonen deutlich die Ähnlichkeit und Verbundenheit der beiden jungen Frauen, so dass das darzustellende Ideal der harmonischen Schwesterlichkeit nicht verborgen bleibt.

Besonders bekannt ist ein ausgesprochen anrührendes Bild des amerikanischen Malers Thomas Sully (1783–1872). Es entstand etwa in der Mitte des 19. Jahrhunderts und heißt *The Leland Sisters* (1830; National Gallery of Art, Washington). Sully war einer der berühmtesten Porträtmaler im Amerika seiner Zeit und für seinen romantisierenden Stil bekannt. Er schuf überwiegend Bilder von Politikern, Wissenschaftlern und Angehörigen des Militärs sowie ihrer Frauen und Familien. Das Bildnis der beiden noch kindlichen Leland-Mädchen entstand vermutlich im Auftrag der Familie und zeigt das in der Darstellung von Schwestern damals vorherrschende Ideal. Beide haben dunkel gelocktes Haar und dunkle Augen, die mit den klaren Gesichtern stark kontrastieren. Das lebendige Rot der sich gleichenden Kleider kehrt in den roten Lippen wieder. Wie in der Darstellung von Luise und Friederike legt auch hier die Schwester mit dem ernsteren Gesichtsausdruck ihre kindliche Hand auf die Schulter der anderen, die den Kopf etwas kokett geneigt hält und stärker lächelt. Nur in diesem kleinen Detail der Gesichtszüge unterscheiden sich die Schwestern, denen ansonsten durch Kleidung und Haltung Ähnlichkeit gegeben wird. Auch hier überformt das zeitgenössische Ideal, wonach sich Schwestern gleich und harmonisch verhalten, eventuelle Persönlichkeitsunterschiede.

Das Werk des französischen Impressionisten Auguste Renoir (1841–1919) umfasst viele Gemälde von Schwestern, die sich in ihrer Komposition stark ähneln. Dabei handelt es sich sowohl um Porträts, die Töchter namentlich bekannter Familien abbilden, als auch um Darstellungen von ungenannten Modellen. Gerade die Häufung dieses Motivs beweist, dass es eine ideale Vorstellung von Schwestern und Familie gegeben hat – Geschwister und Familie hatten harmonisch und liebevoll einander verbunden zu sein.

Renoir variierte allein dreimal das Motiv der Schwestern am Klavier. Auf zwei von diesen Bildern sind die Mädchen nicht namentlich genannt. Hierbei handelt es sich um die Gemälde *La leçon au piano* (1889, Joslyn Memorial Art Museum, Omaha) und *Jeunes filles au piano* (1892, Musée d'Orsay, Paris). Hingegen sind *Christine und Yvonne Lerolle* (1897, Musée d'Orsay, Paris) bekannt als die Töchter des befreundeten Landschaftsmalers Henri Lerolle.

Auf allen drei Bildern ist eine der Schwestern ins Klavierspiel vertieft, während eine weitere auf die Noten blickt und zuhört. Sie sitzen oder stehen nah beieinander und berühren sich sogar. Sie haben einen ähnlichen Gesichtsausdruck und tragen eine ähnliche Frisur, lediglich die Farbe der Kleider oder des Haares unterscheidet sich im Hell-Dunkel-Kontrast. Alle Darstellungen zeigen die Frauen in ansprechend ausgestatteten Innenräumen, die auf die Beschränktheit weiblicher Existenz auf das Haus und den privaten Bereich verweisen. Das Klavier als Prestigeobjekt drückt Wohlstand, Bildung und Kultiviertheit aus, während die Personen selbst in Haltung und Gesichtsausdruck einander liebevoll zugewandt sind.

Geradezu ungewollt entlarvend wirkt das Bild *Die Schwestern* (1869, National Gallery of Art, Washington) der Künstlerin Berthe Morisot (1841–1895). Sie war eine Schwägerin von Edouard Manet und gehörte zu der Gruppe der frühen Impressionisten. Die auf diesem Gemälde abgebildeten Frauen sitzen einander auf dem Sofa gegenüber und tragen die gleichen Kleider aus weißem getupftem Stoff. Ihr dunkles Haar ist teils aufgesteckt, teils fällt es auf den hellen Stoff. Beide halten den Blick gesenkt und haben ernste, starre Gesichter. An der Hand der links sitzenden Schwester ist ein großer Ring mit dunklem Stein zu sehen, die Schwester rechts hält einen Fächer mit Blumenmuster in der Hand. An der Wand zwischen den

Köpfen befindet sich ebenfalls ein Fächerbild mit einer chinesischen Szene.

Morisot selbst wuchs in einer wohlhabenden Familie auf und umgibt daher ihr Frauenpaar mit einem reichen, zeitgemäßen Dekor: Das Sofa ist blaugrau gestreift und lebendig gemustert, an der Wand ist gold gestreifte Tapete zu erkennen. Umgebung und Kleidung weisen die Frauen als so genannte Töchter aus gutem Hause aus. Wohl eher unfreiwillig offenbart dieses Bild auch die Beschränktheit einer derartigen Existenz, wie sie Frauen damals führten. Die Schwestern wirken starr und in sich gekehrt und werden damit fast zu einem Teil der Inneneinrichtung. Weder durch Gesten noch durch Blicke treten sie zueinander in Kontakt, Haltung und Aussehen zwingen sie aber zu großer Ähnlichkeit.

Die Frauen sind nicht namentlich identifiziert, der Titel *Die Schwestern* deutet eher darauf hin, dass es in diesem Gemälde primär um die Darstellung typischer Schwestern geht. Dabei vermittelt es vor allem den bedrückenden Zwang zu Harmonie und Nähe, der häufig auf Schwestern lastete und noch lastet.

Man muss die Vielzahl der harmonischen Darstellungen schon sehr kritisch betrachten, um etwa in der Bildanordnung und Darstellung der Figuren die gegenläufigen Aussagen zu erkennen – in manchen Fällen kann man sie nur vermuten. Bei dem Bild *Ena und Betty Wertheimer* (1901; Tate Gallery, London) von John Singer Sargent (1865–1925) verhält es sich ganz ähnlich wie bei der Darstellung von Berthe Morisot. Der aus Deutschland stammende Asher Wertheimer hatte in London die Tochter eines Kunsthändlers geheiratet und war selbst als Kunsthändler erfolgreich. Singer Sargent schuf insgesamt zwölf Porträts einzelner Familienangehöriger.

Ena und Betty Wertheimer zeigt Tochter Helena, genannt Ena, zusammen mit ihrer jüngeren Schwester Betty. Ena steht aufrecht in einem üppigen weißen Kleid und hat die rechte

Hand um die Taille der Jüngeren gelegt, die etwas kleiner ist und eine rote Robe trägt. Vor allem der Kontrast der roten und weißen Robe signalisiert hier die unterschiedlichen Temperamente der beiden Frauen. Ihre Gestik wiederum, die an die Marmorgruppe von Luise und Friederike erinnert, versucht diesen Unterschied zu verbergen.

Eine radikal andere Sichtweise setzt sich erst mit der Moderne durch. Otto Müller (1874–1935) hat ebenfalls ein Bild zweier namentlich nicht bekannter Schwestern angefertigt (ohne Jahr; Sammlung Morton D. May, St. Louis). Müller gehörte zu der Dresdner Malergruppe Die Brücke und interessierte sich für ägyptische Kunst. Aus diesem Grund haben die klar vom dunklen Hintergrund hervorgehobenen Frauenfiguren längliche Gesichter mit dunklen, schmalen Augen. Beide haben dunkles Haar. Damit enden die äußerlichen Gemeinsamkeiten, denn das rosarote Oberteil der linken Frau und das grüne Oberteil der rechten Figur bilden einen markanten Kontrast. Zwar hat die linke Schwester den Arm um den Nacken der anderen gelegt, aber die Blicke der beiden begegnen einander nicht, sondern gehen ins Leere. So vermittelt das Schwesternpaar zwar noch eine gewisse Ähnlichkeit, aber die Nähe beschränkt sich auf eine einzige Geste.

Die Malerei weiß also die Figurenanordnung, Gestik und Mimik und allen voran das Mittel der Farbe sowie ihrer Symbolik zu nutzen, um die Ähnlichkeit oder Verschiedenheit von Schwestern subtil auszudrücken.

Bereits die Auseinandersetzung mit einer einzelnen Darstellung einer Zweiergruppe hat gezeigt, welche offenen und unterschwelligen Aussagen mit diesen bildkünstlerischen Mitteln möglich sind.

In einer Gruppe von drei Schwestern werden die Beziehungen jedoch vielfältiger. Die Komposition muss dabei die größere Vielschichtigkeit abbilden, die einer Konstellation von drei Schwestern zugrunde liegt.

Eine Anordnung, in der eine von drei Schwestern abseits steht, weist nicht zwingend auf ein disharmonisches Verhältnis untereinander hin. So verhält es sich etwa in Renoirs Tripelporträt der Töchter des Schriftstellers Catulle Mendès (1888, Privatsammlung), der mit dem Maler befreundet war. Die Schönheit dieser Mädchen und insbesondere das lockige blonde Haar, das sie von ihrer Mutter geerbt hatten, wird in Abhandlungen über Renoirs Gemälde oft erwähnt. Die älteste der drei Töchter sitzt vor dem Klavier, hat die Hand auf den Tasten liegen und blickt den Betrachter still und ernst an. Ihre jüngere Schwester steht rechts neben ihr, mit der Geige unter dem Arm und dem Bogen in der Hand; auch sie blickt aus dem Bild heraus. Die Jüngste hingegen hat ihre Hände auf das geschwungene Seitenteil des Klaviers gestützt und schaut die beiden älteren Mädchen an. Zwar ist sie in die musizierende Gemeinschaft der beiden nicht einbezogen, bleibt diesen aber zugewandt. Die in Familien recht häufig anzutreffende Gruppenbildung bei drei und mehr Schwestern – zwei gegen eine – deutet sich hier durch die Komposition zwar auch an, sie bleibt aber ohne sichtbare Spannungen. Durch ihre Frisur – sie tragen das Haar offen oder nachlässig zum Zopf gebunden – und ihre Kleidung sind die Mädchen einander sehr ähnlich wiedergegeben und sind ein Beispiel harmonischer Schwesterlichkeit.

Einen anderen Eindruck vermittelt ein weiteres Gemälde von John Singer Sargent. In der Darstellung *Misses Vickers* (1884; Sheffield Galleries) scheinen in den drei Schwestern weibliche Stereotypen versammelt zu sein. Auf einem Sofa sitzt links im Bild die jüngste Tochter, Evelyn. Sie trägt ein weißes Kleid und blickt träumerisch in die Ferne. Sie hat den Arm um die neben ihr lesende, ältere Schwester Mabel gelegt.

Diese wirkt in ihrem dunklen Kleid ernsthaft und hat den Blick auf ihre Lektüre gesenkt. Im Hintergrund sitzt die dritte Schwester Mildred allein auf einem Stuhl – so als gehörte sie nicht dazu. Bei vielen Reproduktionen dieses Bildes wird ihre Figur bezeichnenderweise weggeschnitten. Sie trägt ebenfalls ein elegantes Kleid und schaut den Betrachter ruhig an. Die Anordnung in diesem Gemälde folgt nicht dem fast schon stereotypen Ähnlichkeitsgebot wie in bisher beschriebenen Schwesternbildern. Es deutet die Unterschiede der Schwestern an und weist vielleicht sogar auf Spannungen zwischen den Frauen hin. Geradezu unfreiwillig hellsichtig ist auch die Darstellung *Die Töchter Boit* (1882; Museum of Fine Arts, Boston) des gleichen Künstlers. In diesem Bild sind die vier Mädchen des amerikanischen Malers Edward Darley Boit provokant beziehungslos über den Raum verteilt. Im Vordergrund sitzt die vierjährige Julia auf dem Teppich und hält eine Puppe im Schoß. Ihr Blick ist auf den Betrachter gerichtet. Am linken Bildrand im Mittelgrund steht die achtjährige Mary Louisa und hat die Arme hinter dem Rücken verschränkt. Diese Gestik und ihr in die Ferne gerichteter Blick verleihen ihr etwas Unnahbares. Im Hintergrund stehen die älteren Töchter Florence und Jane, 14 und zwölf Jahre alt. Die vier Mädchen nehmen weder über Gesten noch Blicke Kontakt miteinander auf, sie tragen aber alle die gleiche weiße Schürze über einem dunklen Unterkleid. Die Kleidung übt einen Harmoniezwang auf sie aus, dem sie sich durch die Verweigerung vertrauter Gesten ein Stück weit entziehen und so dagegen rebellieren.

Die von uns beschriebenen und interpretierten Gemälde stehen beispielhaft für zahlreiche andere Schwesternbildnisse. In ihrer Summe zeigen sie, wie unterschiedlich die Darstellung von Schwestern also sein kann. Die bewusste Wahl einer räumlichen Komposition kann Distanz und Nähe sowie

Gleichheit und Verschiedenheit von Schwestern ausdrücken. Die Mimik, Gestik, Kleidung und die Farbe geben weitere Hinweise auf Temperament und Verhältnis der Frauen zueinander. Es sind diese Kriterien, die es uns erst möglich machten, eventuelle Abweichungen vom Ideal festzustellen.

Wir finden es ungeheuer spannend, Schwesternbilder zu betrachten und Näheres über die dargestellten Frauen und ihr Verhältnis zueinander zu erfahren. Die eher oberflächlichen Analysen der gewählten Darstellungen sind als eine Art Hilfe gedacht, die Konventionen zu erkennen, die sich in dem Genre Schwesternbild entwickelt haben und die bis heute immer wieder variiert werden.[14]

Schwestern in der Literatur

Die amerikanische Journalistin Elizabeth Fishel beschäftigte sich als eine der Ersten mit Schwestern. Sehr früh machte sie die Beobachtung, dass die erzählende Literatur zum Thema Schwestern wesentlich mehr Informationen und Inhalte zu bieten hat als die Wissenschaften:

„Viele der Themen [...] haben Analogien in Geschichten, Romanen und Stücken; sie reichen von der Rivalität zwischen [...] Aschenputtel und ihren Stiefschwestern über [...] die eifrige Solidarität der March Schwestern in *Little Women* bis hin zu den Gegensätzen zwischen den beiden jungen Mädchen in *Schneeweißchen und Rosenrot* [...]".[15] Wir können dies nur bestätigen und haben unzählige Texte gesichtet, um mehr darüber zu erfahren, was Schwestern und ihre Beziehung zueinander in der Literatur ausmacht. Bei dem, was wir hier zusammengetragen haben, handelt es sich wiederum um eine Auswahl.

Märchen haben sich als unerschöpfliche Quelle für Bilder brüderlichen und schwesterlichen Verhaltens erwiesen. Die Psychoanalytikerin Verena Kast beschreibt dieses Genre gar als „Beziehungsgeschichten"[16] zwischen Geschwistern. Dabei kann die Figurenkonstellation sowohl seelische Vorgänge als auch die äußere Konstellation einer Familie wiedergeben. Für das Märchen ist es charakteristisch, mit Extremen zu arbeiten und auch das Übernatürliche und Unrealistische in die Handlung mit aufzunehmen. Dadurch erschließt sich die in der äußeren Wiedergabe des Geschehens verborgene Innenwelt der Figuren und wird für Leserinnen und Leser ersichtlich.

Zahlreiche Märchen beschäftigen sich mit der Verschiedenheit oder der ungleichen Behandlung von Schwestern. *Aschenputtel* und *Schneeweißchen und Rosenrot* zählen zu den Bekanntesten, die dieses Motiv aufgreifen.

Die Harmonie und Friedfertigkeit, in der die beiden Schwestern Schneeweißchen und Rosenrot bei ihrer verwitweten Mutter leben, sind nahezu übermenschlich. „Die beiden Kinder hatten einander so lieb, dass sie sich immer an den Händen fassten, sooft sie zusammen ausgingen; und wenn Schneeweißchen sagte: ‚Wir wollen uns nicht verlassen', so antwortete Rosenrot: ‚Solange wir leben, nicht', und die Mutter setzte hinzu: ‚Was das eine hat, soll's mit dem anderen teilen.'"[17] Die beiden Mädchen sind einander symbiotisch verbunden. Indem sie dreimal einen Zwerg aus einer Notlage befreien – der sie statt zu dnken beschimpft –, wird ihre Gemeinschaft, wie es in Märchen üblich ist, wiederholt bestätigt. Das Auftauchen des Bären führt schließlich zum notwendigen Bruch der harmonischen Einheit von Schneeweißchen und Rosenrot. Das Tier verkörpert Männlichkeit und Stärke, zunächst bleibt seine Rolle als potenzieller Partner in seiner tierischen Gestalt verborgen. Lediglich in einem Vers deutet sich diese Möglichkeit an, denn als die beiden Mädchen ihn anspielungsreich mit einer Rute necken und schlagen, brummt er zurück: „Schneeweißchen, Rosenrot / schlägst dir den Freier tot." Die konfliktreiche Frage, für welche der beiden Schwestern er der künftige Mann sein werde, bleibt hier unbeantwortet. Dies könnte der Punkt sein, an dem die Mädchen sich aus ihrer harmonischen Einheit lösen und Rivalinnen werden. Schließlich heißt es, „Schneeweißchen war ganz traurig über den Abschied", als der Bär die Frauen wieder verlässt; sie könnte also die Favoritin sein. Letzten Endes wird der Konflikt aber vermieden, da sich der Bär als Prinz erweist und tatsächlich Schneeweißchen zur Frau nimmt und Rosenrot ihrerseits sofort dessen Bruder heiratet. Damit ist die ausgleichende Gerechtigkeit hergestellt. Die beiden Mädchen werden für ihr frommes, gutes Leben belohnt und müssen sich dem Konflikt – der Individualisierung und persönliche Reife für sie bedeutet hätte – nicht stellen.

Wir finden Schwesternpaare in zahlreichen Märchen, jedoch ist es nicht immer Harmonie wie in *Schneeweißchen und Rosenrot*, die ihre Beziehung zueinander kennzeichnet. In *Frau Holle* beispielsweise werden sie als zänkische Gegnerinnen dargestellt. Die eine Tochter der Witwe ist hässlich und faul. Da in Märchen die Rolle der Eltern selten hinterfragt und wenn überhaupt bloß indirekt kritisiert wird, bleibt uns auch hier der Grund verborgen, warum sie von der Mutter mehr geliebt wird. Die fleißige und zugleich schönere Tochter muss sämtliche Arbeiten allein verrichten. Dennoch ist sie diejenige, die in einer märchenhaften Szene zur Belohnung Gold von Frau Holle erhält, nachdem sie dieser eifrig gedient hat. Ihre Schwester hingegen wird mit Pech überschüttet. Durch diese Wendung – die eine moralische Wertung offenbart – unterscheidet sich dieses Märchen von dem bereits besprochenen.

Da harmonische Schwesterngruppen häufiger in Märchen dargestellt werden, nehmen wir an, dass sie bevorzugt werden. Und anders als konkurrierende Schwestern werden sie in positiv verlaufende Handlungen eingebunden und am Ende beide belohnt.

In *Aschenputtel* etwa haben wir eine Geschwistergruppe, die sich – familiensoziologisch gesprochen – schon in zwei Subsysteme gegliedert hat. Aus der ersten Ehe des Vaters stammt die schöne Tochter, die aber von der zweiten Frau und deren eigenen Töchtern abgelehnt wird, ihnen also im Weg ist. Folglich wird sie zunächst mit allen Mitteln ausgegrenzt, um ihr die Chance zu nehmen, einen angemessenen Partner zu finden. Es greift aber eine Fee ein und verschafft Aschenputtel Kleid und Schuhe für den Ball. Der Prinz findet Gefallen an ihr, befindet sie als Schönste und tanzt in den drei Ballnächten nur mit ihr. Hier zeigt sich erneut das Prinzip der gleichartigen, dreifachen Reihung, das für die Erzählstruktur des Märchens so typisch ist. Nach einer Auseinandersetzung mit den „bösen" Schwestern, die Aschenputtel nicht aufgrund ihrer unverbrüchlichen Güte besteht, sondern mithilfe der Tauben, nimmt der Prinz sie zur Frau.

Anders, als es zunächst scheint, ist *Aschenputtel* in seinen Figuren komplizierter als andere Märchen und somit auch aussagekräftiger. Zunächst haben wir die erneute Heirat des Vaters, das Kind erhält also Mutter und Schwestern und kommt in ein festes Beziehungsgefüge. Anders als in der französischen Vorlage des Märchens verhält sich der Vater in der Fassung der Brüder Grimm eigenartig passiv, regelrecht gleichgültig seiner einzigen leiblichen Tochter gegenüber. Sie erhält keinerlei Unterstützung von ihm. In der Vorlage ist seine Position noch zentral, er wird von allen Frauen gleichermaßen umworben. Der unterschwellige Kampf der Töchter und der Stiefmutter um den Vater und seine Liebe wird in unserer

Version also in die Rivalität zwischen den Frauen um den Prinzen verlagert. Eine gute Begründung für die Abweichung der zweiten von der ersten Fassung liefert Elizabeth Fishel: „Immer wieder ist die Rivalität, die wir Schwestern untereinander zuschreiben, wenigstens teilweise Ausdruck der Rivalität, die Mädchen ihrer Mutter gegenüber empfinden – in einer handlichen und weniger bedrohlichen Form."[18]

Das Thema Schwesternschaft und Schwesterlichkeit als eine Form weiblicher Existenz kommt in der Literatur sehr häufig vor, so etwa bei Theodor Fontane. In *Stechlin* sind es die Schwestern Melusine und Armgard und in den *Poggenpuhls* die drei Schwestern Therese, Manon und Sophie, die sich durch beide Eigenschaften auszeichnen.

Hinzu kommen Hofmannsthals Dramen *Elektra* und *Arabella*, in denen Schwestern in mehr oder weniger konflikthafter Beziehung zueinander stehen.[19]

Im Folgenden gehen wir auf drei Romane der Gegenwartsliteratur ein, die ein vielschichtigeres Bild von Schwesternbeziehungen entwerfen als Märchen und Mythen. Wir haben uns für *Große kleine Schwester* von Peter Härtling, den *Regenroman* von Karen Duve sowie *Die unschuldigen Jahre* von Sibylle Mulot entschieden.

Alle drei Werke schildern ausführlich die sozialen Verhältnisse, in denen die Figuren leben, und verbinden diese mit ihren psychischen Erfahrungen, so dass Leserinnen und Leser das innere Erleben der Protagonisten ausführlich mitverfolgen können. Ebenso enthalten diese Romane eine Fülle soziologisch und historisch belegbarer Details, so dass sie auch ein Stück Gesellschaftsgeschichte des 20. Jahrhunderts sind. Nachdem schon ausführlich von historischen Schwesternbildern des 19. Jahrhunderts die Rede war, offenbaren sie sehr schön die gegenwärtige Sicht auf Schwestern. Sie sind für uns also unmittelbar relevant.

Alle drei Romane umfassen einen unterschiedlichen Zeitraum. So sind es in Peter Härtlings *Große kleine Schwester* die ersten fünf Jahrzehnte des 20. Jahrhunderts, die den zeitlichen Rahmen des Erzählten bilden. Geschildert wird die Zeit vor dem Ersten Weltkrieg über die beiden Kriege bis hin zur Vertreibung und dem Neuanfang als Flüchtlinge in der Bundesrepublik.

Die Familiengeschichte der Hülles in *Die unschuldigen Jahre* von Sibylle Mulot setzt in den 60er Jahren ein und zeigt vor dem Hintergrund einer auf Sekundärtugenden – wie Disziplin, Pflichtbewusstsein sowie Treue und Gehorsam – und familiäre Werte pochenden Wohlstandsgesellschaft die teilweise gelingenden Emanzipationsversuche von drei Töchtern (die zumindest mit dem Ziel, später zu unterrichten, studieren dürfen).

In Karen Duves *Regenroman* schließlich sind die beiden Schwestern Eva und Martina Teil der Berufswelt des ausgehenden 20. Jahrhunderts. Nach außen hin verfolgen sie scheinbar unbehelligt ihre beruflichen Ziele, sie haben aber den starken Erwartungsdruck ihrer Familie verinnerlicht. So leidet Martina an Bulimie, da ihre Schwester Eva von der Mutter bevorzugt wird.

Rivalität und Symbiose

Bei den Schwestern in Härtlings Roman handelt es sich um Ruth und Lea Bäumer, Töchter eines Fabrikanten-Ehepaares aus Brünn. Die Struktur des Romans bilden zwei aufeinander zulaufende Zeitebenen. Die Kapitel, die die Vergangenheit schildern, haben jeweils eine Überschrift und erzählen rasch und dynamisch die historischen Zusammenhänge – die Zeit in Brünn zu Beginn des 20. Jahrhunderts einschließlich beider

Weltkriege und Nationalsozialismus bis hin zu Flucht und Vertreibung. Der skizzenhafte, gedrängte Erzählstil arbeitet mit starken Zeitraffungen. Ganz anders verhält es sich in den Kapiteln, die die Gegenwart schildern. Sie sind lediglich mit römischen Ziffern versehen, die auf die Stagnation und Statik des letzten Lebensabschnitts der beiden Schwestern hinweisen. Der Stillstand und die Monotonie ihres Alltags offenbart sich in den knappen Dialogen und Wiederholungen in ihrem Verhalten sehr deutlich.

Ruth und Lea verbindet von Kindertagen an bis ins späte Alter eine psychologisch vertrackte, annähernd tragische Beziehung. Ruth ist die Ältere, Klügere, die jedoch einen zurückhaltenden, scheuen Eindruck macht. Lea muss ein Jahr in der Schule wiederholen, ist aber sehr lebhaft und kann tanzen. Zuweilen führen die Unterschiede zu Hass, manchmal ergänzen sie einander.

Insbesondere die historischen Ereignisse binden sie aneinander. Sie erleben den Ersten Weltkrieg in Brünn sowie die Gründung der Tschechoslowakei. Durch den Zweiten Weltkrieg vorübergehend voneinander getrennt, finden sie in Westdeutschland wieder zueinander und verbringen gemeinsam ein von Ritualen und Spannungen geprägtes Leben. So viel zum Inhalt.

Ruth ist ihr Leben lang die ruhigere, tüchtigere der beiden Schwestern, die vom Vater unterstützt wird. Lea hingegen wird allein schon dadurch, dass sie eine Lehre als Hauswirtschafterin macht, in die Rolle der Mutter gedrängt. Sie heiratet, während es Ruth nicht gelingt, eine stabile Beziehung zu einem Mann aufzubauen.

Das Symbol ihrer Beziehung zueinander und ihrer am Lebensende ununterscheidbar gewordenen Persönlichkeiten ist der gemeinsame Blick in den Spiegel zu Beginn der Handlung. In dieser Schlüsselszene zwingt der Vater – der hier die patriarchalische Gesetzesinstanz repräsentiert – die beiden Mädchen, in einen Spiegel zu sehen. Er schiebt Ruth vor den Spiegel und fragt sie: „No, Kind, was siehst du? Du siehst die kleine, süße Ruth Bäumer, viel zu zart und zu dünn für den Tanz." Gegen dieses Urteil des Vaters kann sich das junge Mädchen nicht wehren und schaut sich „zweifelnd, dann wütend und endlich beschämt vom Scheitel bis zur Sohle an". Die jüngere Schwester tritt hinzu und der Vater bestimmt in diesem Moment die jeweiligen Rollen seiner Töchter, die ihr Leben lang Programm für sie sein sollen: „Die Lea wird tanzen, du wirst Klavier spielen." Von Kind an werden Lea und Ruth also einerseits zu Unzertrennlichkeit genötigt und andererseits auf ihre Funktion, ihre Rolle festgelegt.

Der Spiegel reflektiert neben Ruths Körper die kulturellen Vorstellungen, die mit ihm verbunden sind. In diesem Moment bildet sich ihr Ich, d.h. das der späteren Frau heraus. Das väterliche Urteil – seine Hände auf den Schultern und der Brust des Mädchens zeigen dies symbolisch – ist der Augenblick der Entfremdung von ihrem Körper. Fortan empfindet sie diesen als hässlich.

Die Spiegelszene ist der Auftakt für die gegensätzliche Vorstellung von Weiblichkeit, wie sie im Roman vorherrscht. Dieses Bild ist allerdings bereits in den Namen der Protagonistinnen angelegt: Ruth und Lea verweisen auf die biblischen Gestalten Lea und Rachel, denn diese werden ebenfalls durch das Wort ihres Vaters zu Konkurrentinnen um die Gunst eines Mannes. Entsprechend der väterlichen Vorstellung muss die ältere Schwester Lea verheiratet sein, bevor die jüngere Rachel heiratet. Durch die Namen wird also ganz klar Bezug genommen auf das Schwesternpaar der biblischen und damit kulturellen Tradition.

Allerdings führen Ruth und Lea Bäumer ein weitaus gegensätzlicheres Leben als ihr biblisches Pendant. Darüber hinaus sind ihre Lebensentwürfe als unvermittelbar konzipiert und werden auch so dargestellt. So verkörpert Lea die traditionelle Frauenrolle und geht darin auf, ihren Mann zu lieben. Ruth hingegen ist eine Einzelgängerin und führt das gefährdete Dasein einer Frau, die sich nicht in die vorhandenen Muster fügen kann und will. Auf der Suche nach einem alternativen Lebensentwurf gerät sie von einer Sackgasse in die nächste. Ihr Leben lang akzeptiert sie den männlich wertenden Blick des Vaters auf ihren Körper.

Leas Begehren wiederum erstickt in einer Ehe, in der sie zur Marionette männlicher Launen wird. Der menschliche Körper und Sexualität an sich werden von der Familie tabuisiert – Erotik ist im gesamten Roman negativ besetzt.

Beiden Frauen gelingt es, sich ein kleines Stück Emanzipation zu erkämpfen. Es sind die historischen, in die rückschauenden Kapitel eingefügten Ereignisse, die den dafür notwendigen Rahmen bilden. Der Zerfall der Donaumonarchie, der Erste und der Zweite Weltkrieg, die Bombennächte und sogar die Vertreibung verschaffen ihnen Freiräume, die vorwiegend Ruth nützt.

Als junge Frau hat sie immerhin den Mut, Grenzen zu überschreiten. So verbringt sie über einen langen Zeitraum ihre Tage und Nächte „in einem wüsten Schwarm von Heimwehkranken, Hochstaplern, Schwarzhändlern und Traumtänzern". In eine dieser kurzen Episoden des Ausbruchs, in der sie sich „so wunderbar verwildert in dieser kleinen Stadt" auf ihrem „wüsten Tanzboden" fühlt, fällt ihre Beziehung mit Irene. Mit dieser Frau verbringt Ruth kurze Zeit in materiellem Luxus und rauschhafter Liebe. Erinnert sie sich als alte Frau an diese Zeit, wird „ihre Haut wieder dünn und empfindlich, verlangte es sie nach Berührung und Rausch, wie in dem großen, hellen Schlafzimmer, in das sie sich mit Irene zurückzog, in dem sie Nachmittage lang sich erkundeten, bis sie vor Glück schrien, unerlaubt schrien, denn die Stadt konnte sie hören". Die Liebesaffäre endet unvermutet und Ruth, die zu diesem Zeitpunkt erst etwa Anfang vierzig ist, wird, abgesehen von einer unerfüllten schwärmerischen Liebe zu einem bekannten Operettensänger in Wien, jede weitere Erotik verwehrt.

Paradoxerweise stagniert die Entwicklung der Charaktere, als sie in der westdeutschen Nachkriegswelt ankommen. Der Erzähler reduziert Ruth und Lea an ihrem Lebensabend auf zwei kleine Schwestern, die wie früher in den elterlichen Festlegungen gefangen sind: Es wiederholen sich ihre kindlichen Streitereien und beide Frauen kontrollieren sich gegenseitig. Zu keinem Zeitpunkt reflektieren die Figuren in den Kapiteln, die in der Gegenwart angesiedelt sind, ihre Vergangenheit. Ebenso verhält es sich in der erinnernden Re-Inszenierung, aus der kein Gewinn an Erkenntnis oder Versöhnung mit der Vergangenheit fließt.

Insgesamt veranschaulicht Peter Härtlings Roman die Rivalität zwischen Schwestern einerseits und die Symbiose der biologischen Schwesternschaft andererseits bei nicht vorhandener Schwesterlichkeit. Die Figurenkonstellation, angereichert durch die zahlreichen historischen Details, wird zur Projektionsfläche des menschlichen Grundkonflikts um Abhängigkeit und Autonomie. Ebenso wird durch die Figurenwahl die Aufspaltung weiblicher Existenz gespiegelt. Der Roman ist ein Beispiel dafür, wie schwierig es ist, in der Literatur die Darstellung eines Schwesternpaares zu finden, die einerseits die Verschiedenheit und andererseits das nahe Miteinander von Schwestern und Frauen veranschaulicht.[20]

Männliche und weibliche Schwestern

In *Regenroman* von Karen Duve treffen wir gleich auf zwei Schwesternpaare, von denen das eine zu Beginn kurz gestreift wird und für die weitere Handlung von untergeordneter Bedeutung ist. Martina heißt eigentlich Roswitha und hat eine jüngere Schwester, Eva. Das gemeinsame Kaffeetrinken mit den Eltern ist die einzige Situation, in der beide Frauenfiguren beschrieben werden: „Eva [...] studierte in Hannover Tiermedizin. Sie war die Kluge in der Familie. Der einzige Trost für Martinas Mutter, die aus einer Lehrerfamilie stammte und mit ihrer jüngsten Tochter ihre Vorliebe für Theater und Bücher teilen konnte. Martina las außer Lebenshilfebüchern bloß Frauenzeitschriften [...]."

Die ungleiche Zuwendung der Mutter – sie verschenkt umgehend den Blumenstrauß von Martina an die jüngere Tochter weiter – könnte zu Konflikten zwischen den beiden Schwestern führen, spielt aber im weiteren Handlungsverlauf keine Rolle. Die beschriebene, lakonische Szene des Kaffeetrinkens weckt den Eindruck eines allenfalls pflichtmäßigen, oberflächlichen Interesses, das die beiden Schwestern füreinander hegen. Beide sind durch den biologischen Zufall der Schwesternschaft miteinander verbunden und gehen beruflich eigene, völlig unterschiedliche Wege.

Zu Beginn des Romans scheint Eva in jeder Hinsicht die Stärkere zu sein, sie ist aber auch gewöhnlicher als ihre ältere Schwester, „mehr der sportliche Typ, nicht so zerbrechlich. [...] Ihre Haare waren lang und so rot wie Martinas, aber in ihrem Gesicht gab es nichts Außergewöhnliches."

Martina hingegen ist eine „langbeinige Schönheit" und besitzt „Rennpferd-Eleganz". Diese Art der Darstellung gibt die Perspektive ihres Mannes Leon wieder, aus dessen Blickwinkel auch ihr magerer Körper „mit den eckigen Schultern" beschrieben wird: „Ihr Rückgrat verlief nicht, wie bei den meisten Menschen, zwischen Muskelsträngen eingebettet in einer Rinne, sondern die Wirbelknochen standen deutlich hervor, so dass sie auf ihrem Rücken einen kleinen Kamm hatte wie ein Urwelttier."

Martina ist erfolgreiche Redaktionsassistentin bei einem Fernsehsender und verwendet einen Gutteil ihrer Zeit und Energie darauf, ihre Bulimie zu verheimlichen, auch vor ihrem Mann.

Sie kündigt schließlich ihre Stelle, um mit ihrem Mann, dem kurzsichtigen Schriftsteller Leon Ulbricht, ein altes Haus in einer Moorgegend in der ehemaligen DDR zu beziehen. Leon möchte dort die Autobiografie eines Boxers und Zuhälters in Hamburg schreiben, mit der ihn sein Bekannter Pfitzner beauftragt hat.

Bei den nächsten Nachbarn dort handelt es sich um zwei Schwestern, die als antagonistisches Paar eingeführt werden. Die eine heißt Kay und hat ein androgynes Auftreten, wie es ihr Name vermuten lässt. Hinzu kommen weitere Merkmale kultureller Männlichkeit wie etwa ihre Kleidung: Sie trägt ein graues Männerhemd, eine grüne Latzhose und klobige Arbeitsstiefel und wirkt auf Leon völlig „reizlos".

Kays Schwester Isadora ist das genaue Gegenteil: Ihr Körper ist weich und üppig, der lange Rock aus grünem Samt hat sich mit Wasser voll gesogen und schleppt auf dem Boden. Der blaue Stoff der Seidenbluse spannt sich um einen offenbar üppigen Busen, auf dem mehrere Ketten aus Gold liegen. So tritt Isadora Schlei auf, die mit ihrer Schwester in der benachbarten Villa lebt und mit der Leon ein Verhältnis beginnt. Ihre derart beschriebene Figur verweist auf die Verbindung zwischen Frau und Wasser sowie auf eine Weiblichkeit, die fast schon animalische Züge hat. Da Wasser das

Haus von Martina und Leon unterminiert, während der Garten von Schnecken überzogen ist, hat Isadora immer auch bedrohliche Züge. Sie wird also mit dem Moor gleichgesetzt, wo auch die letzte Begegnung zwischen dieser sehr stark tierhaft akzentuierten Gestalt und dem Mann Leon angesiedelt ist: „Er grunzte glücklich. Als er seinen Kopf wieder hob, sah er am anderen Ufer Isadora stehen. Sie war ebenfalls nackt. Und sie war wundervoll dick. Das Spiegelbild ihres weißen Leibes schwamm auf der Wasseroberfläche."

Isadora repräsentiert durchgängig das abgespaltene mütterlich-weibliche Element. Ihre Domäne ist die Küche. Der Gegensatz zu ihrer Schwester Kay besteht im Wesentlichen darin, dass beiden Frauen jeweils klare Anteile an sozial bestimmter Weiblichkeit beziehungsweise Männlichkeit zugeschrieben werden. Kay, die im übrigen 1,90 hoch gewachsen ist, stellt dies unter Beweis, indem sie am Ende des Romans den Zuhälter Pfitzner und seinen Komplizen stellt, als diese Leon und Martina bedrohen. In dieser Szene wird Kay zur Rächerin, die mit einem Turbobrenner auf den Zuhälter losgeht: „Pfitzner brüllte; sein Anzug brannte, aber er hechtete trotzdem noch auf den Boden und versuchte, die Pistole zu greifen. Isadora stieß sie mit dem Fuß weg. [...] Immer noch brüllend, rollte er auf dem Fußboden und zerrte an seinem brennenden Jackett. Kay stand mit versteinertem Gesicht neben ihm und ließ 1800 Grad heißes Feuer los."

Anhand der einzelnen Details ist unschwer zu erkennen, dass hier eine Frau nach dem Vorbild von Lara Croft mitten im Showdown steht. In dieser Terminatorszene kulminiert die Zuschreibung von Männlichkeit an Kay. Sie und Isadora sind zwar biologische Schwestern, verhalten sich aber wie ein Ehepaar. Als solches streiten sie, dennoch lassen sie an ihrem Zusammenhalt keinen Zweifel aufkommen. Schwesternschaft im biologischen Sinne deckt sich in *Regenroman* zu einem gewissen Teil mit Schwesterlichkeit im emotionalen Sinne.

Ehrliche Distanz

In Sibylle Mulots Roman hat das Ehepaar Marga und Armin Hülle drei Töchter: Deïna, Astrid und Mimi. Deïna ist die Älteste und damit leistungsbezogen, attraktiv und gleichzeitig solidarisch gegenüber ihrer jüngeren Schwester Astrid. Sie haben aber trotz aller Komplizenschaft ein Neid- und Konkurrenzverhältnis. Zwischen der Ältesten und Mimi herrscht eine mütterlich-fürsorgliche Zärtlichkeit. Somit scheinen also alle Erwartungen aus der psychologischen und literarischen Typologie, wie wir sie beschrieben haben, zuzutreffen.

Schon in der Generation davor gibt es so genannte unzärtliche Schwestern: Mutter Marga und deren Schwester Huberta sind stets darum bemüht, sich gegenseitig zu übertrumpfen. „Hubertas eigene Söhne, zwei bedrohlich lebenstüchtige Kraftprotze, waren immer die Guten. Die Kinder der meisten Verwandten dagegen waren faul, dekadent und lasen zuviel."

Häme und Kontrolle werden in der Sicht aller Erzählfiguren als Teil des Beziehungsalltags verstanden und gewertet und beziehen sich vor allem auf die töchterlichen Heiratschancen.

Erzählt wird die Geschichte vorrangig aus der Sicht der jüngsten Schwester Mimi. Sie verfolgt aufmerksam, über welch komische Umwege die beiden Älteren im Laufe des Romans versuchen, einen Partner zu finden.

Zum großen Eklat kommt es, als Deïna und Astrid mit ihren Verehrern in einem Forsthaus Ferien machen. Da die Ältere aber wegen einer Lehrprobe zurückmuss, bleibt ihr angehender Verlobter Lutz mit ihrer Schwester am Urlaubsort. Sieben Tage später stellt sich heraus, dass Lutz die ganze

Woche mit Astrid im Forsthaus verbracht hat. Somit gilt die Beziehung mit Deïna als beendet. Sie bricht zusammen. Auf ihre Nachfrage hin bekommt die sehr energische und lieblose Mutter folgende Antwort: „‚Meine Schwester hat mir den Mann weggenommen', sagte Deïna plötzlich klar und deutlich. Mimi erschrak. Es war die Formel, die sich Deïna von Anfang an zurechtgelegt hatte."

Aus Sicht der Mutter kommt es dann zur Verurteilung der Mittleren als diejenige, die sich widerrechtlich verhalten hat. Fortan hat sie die Rolle der Konkurrentin, die gern den Platz der Älteren eingenommen hätte. Rückblickend wird nun Astrids eigennütziges Verhalten als feststehendes Persönlichkeitsmerkmal konstituiert: „Und sie entwarf aus mütterlicher Kenntnis ein detailliertes Charakterbild ihrer Töchter. Sie betonte die Unterschiede und versicherte, stets ausgleichend darauf eingewirkt zu haben. Sie hatte versucht, Deïna ihre Ängstlichkeit, Wehleidigkeit und ihren Stolz auszutreiben, Astrid dagegen Egoismus, Habsucht und Indifferenz."

Deïna zieht sich in die Rolle des Opfers zurück, sie nimmt aber keine Hilfe an – auch nicht von der ratlosen Mimi. Von diesem Zeitpunkt an meidet sie die jüngere Schwester. Sogar als die Familie Deïna und Astrid zur Versöhnung zwingen will, worum sich die Jüngere sehr bemüht, verschließt sich die Älteste noch.

Zurück bleibt Mimi, die mit dem Weggang der Ältesten neben einer ihrer Schwestern auch ihre mütterliche Beraterin verliert und darum bemüht ist, sich in die Älteste hineinzuversetzen: „Plötzlich fiel Mimi das richtige Bild ein: Auster. Deïna hatte ihren Schmerzsplitter umhüllt und eine Perle draus gemacht. Es war klar, dass jemand mit einer Schmerzperle niemals verzeihen würde. Denn er müsste sich von etwas sehr Kostbarem trennen."

Nach zwanzig Jahren spricht Mimi mit dem „Hobbypsychologen Singer", einem früheren Freund, über die beiden Schwestern. Zuerst erzählt sie ihm, was aus ihren älteren Schwestern geworden ist. So habe Deïna nie geheiratet und reise stattdessen viel. Zudem seien die Zusammenstöße mit der mittleren Schwester seltener geworden, weil die jeweiligen Besuche sich zeitlich nicht überschnitten – worauf streng geachtet werde: „Sie fragte mich oder meine Mutter immer im voraus: Wißt ihr, wann das Volk kommt? – um nicht mit ihnen zu kollidieren. Die Festtage waren genau geregelt. Eigentlich heute noch. An Heiligabend kam Deïna und blieb über die Feiertage. Danach, an Silvester, kamen die anderen."

Singer, der nach seiner Offizierslaufbahn im zweiten Semester Psychologie studiert, versteht die beiden Schwestern demnach als ungewollte Zwillinge, denen ihr Umfeld eine Nähe aufgezwungen habe, die sie beide gar nicht wollten. „Deïna wollte – glaube ich – hauptsächlich ihre Freiheit. [...] Du sagst, Deïna sei zufrieden, so what? Müssen tränenreiche Versöhnungen wirklich sein? Was kommt danach? Ist eine ehrliche Distanz nicht manchmal besser?"

Diese Deutung des Wesens von Deïna erfasst sie aber nicht als Ganzes. Denn abgesehen von ihrem auffälligen Namen heißt es über ihr späteres Leben: „Deïna blieb zwei Jahre in den Vereinigten Staaten. Als sie heimkehrte, hatte sie zunächst Mühe, sich im kleinen Europa zurechtzufinden. [...] In den Ferien unternahm sie weite Reisen. Sie begann mit Indien, [...] Deïna flog später nach China und Japan, Sumatra und Borneo, nach Mexiko, Grönland, Feuerland."

Ihre häufigen Reisen werden letzten Endes von jeder Person mehr oder weniger weitgehend verurteilt. Niemand kann sich dieses Verhalten erklären, selbst Mimi macht hier nur Andeutungen: „Ihre Haltung blieb altgriechisch, wenn du verstehst, was ich meine." Aber was meint sie damit, werden sich die meisten von uns fragen. Eine Antwort darauf lässt sich lediglich zwischen den Zeilen herauslesen, und zwar wenn wir die Figur Deïna auf die mythologische Figur beziehen, die dieselbe Position in der Schwesternreihe hat wie sie. Und hierbei handelt es sich um Iphigenie, die älteste Tochter von Klytemnästra und Agamemnon.

In der Handlung lassen sich die Analogien zwischen Mythos und Roman rasch skizzieren. Iphigenie wird mit dem Versprechen, Achill zu heiraten, nach Aulis gelockt. Ihr Vater sitzt auf der Insel fest und hat der Opferung seiner Tochter zugestimmt, um die Götter zu besänftigen und so zurück nach Troja zu gelangen. Ebenso begibt sich Deïna in das Jagdhaus, wo sie sich so gut wie mit Lutz verlobt. Iphigenie wird aber von der Göttin Artemis gerettet und zur Priesterin gemacht, was ihre Familie aber nicht weiß. Auch hier gilt dasselbe für Deïna: Mehrfach wird im Roman explizit darauf hingewiesen, dass sie für die Familie wie tot ist. In der Mythologie entrückt Artemis Iphigenie in das entfernte Tauris – Deïna hingegen fliegt nach Amerika und später an andere exotische, weitab liegende Orte.

Erst wenn man die älteste Tochter im Roman als Stellvertreterin einer antiken Figur versteht, gelingt es, wesentliche im Text enthaltene Details in die Deutung Deïnas mit einzubeziehen und so die Interpretation des Hobbypsychologen zu differenzieren. Der Vollständigkeit halber sei hier noch angemerkt, dass die Geschichte der Iphigenie in der Mythologie – anders als etwa in Goethes *Iphigenie auf Tauris* – nicht auf ein versöhnliches Ende in Harmonie hinausläuft.

Fazit

Alle hier vorgestellten und analysierten Märchen und Romane weisen trotz unterschiedlicher Handlungsverläufe Gemeinsamkeiten in der Darstellung von Schwesternfiguren auf. Des Weiteren verkörpern alle Schwestern das aktuelle, d.h. zeitgenössische Bild der Frau. Damit offenbart sich automatisch die gängige Vorstellung dessen, was nun männlich und was weiblich ist. Insbesondere in Karen Duves *Regenroman* wird dieser Gegensatz sehr schön aufgeschlüsselt: Durch zahlreiche kulturell bestimmte äußere Merkmale wie Kleidung, Körperhaltung und Gestik ist Kay sozusagen das Gegenteil der überaus weiblichen Isadora.

Insbesondere Märchenfiguren bringen gegensätzliche ethische Positionen auf den Punkt. So haben wir beispielsweise gesehen, dass in *Frau Holle* die guten und schlechten Eigenschaften jeweils einem der Mädchen auf den Leib geschrieben sind. Das Schwesternpaar kennzeichnet eine konsequente Symbolik des Gegensatzes, man denke nur an das Gold und das Pech, womit die Töchter bedacht werden, und die Eigenschaften schön, fleißig vs. hässlich und faul.

In fast allen Bereichen der Kunst finden sich Frauenfiguren, die Gegensätze verkörpern. Sie personifizieren den jeweiligen geistigen Zusammenhang. Etwa im Lukas-Evangelium sind es die beiden Schwestern Maria und Martha, die den Gegensatz des tätigen (vita activa) und des beschaulichen Lebens (vita passiva) verdeutlichen. Die Ältere, Martha, kümmert sich eifrig um die Versorgung und Bewirtung der Jünger und beklagt sich bei Jesus über ihre Schwester. Diese höre ihm zu, anstatt ihr zu helfen. Jesus weist sie mit dem Hinweis zurück, Maria höre seine Lehre und dies solle ihr nicht genommen werden.

Dieses Verhaltensmuster von jüngeren und älteren Schwestern ist keineswegs auf die Bibel beschränkt. Wir finden es immer dann in der Literatur, wenn es darum geht, die gegensätzlichen Temperamente von Schwestern hervorzuheben. Die Darstellung antagonistischer, d.h. gegensätzlicher Schwestern ist das Gegenmodell einer Schwesternschaft, die als harmonisch, symbiotisch konzipiert ist. Auf diesen Typ Schwesternpaar – wir erinnern uns – sind wir in allen drei Märchen und ansatzweise in Peter Härtlings Roman gestoßen.

Das ideale Gleichgewicht zwischen einer harmonischen und gleichzeitig antagonistischen Schwesternschaft ist in der Literatur schwer zu finden. Unsere Analyse zeigt aber, dass in Romanen der Gegenwart – wie etwa von Karen Duve – diese Ausgewogenheit zumindest angedeutet wird. So kommen wir zu dem Schluss, dass in der Literatur der letzten zehn Jahre an die Stelle konfliktreicher Beziehungen distanzierte, schwesterliche Parallelexistenzen treten. Obwohl die Schwestern emotional miteinander verbunden sind, bleiben ihre Gefühle füreinander unter der Oberfläche ihrer getrennten Lebensentwürfe eher vage.

Schwestern im Film

Für den Film sind Schwesternkonstellationen ein reizvolles Thema, das bis jetzt allerdings noch nicht zusammenhängend untersucht worden ist. Die Literatur- und Filmwissenschaftlerin Claudia Liebrand hat erstaunlich viele Filme zusammengetragen, in denen es um Schwestern geht sowie um die Persönlichkeit der einzelnen Protagonistinnen und um ihr Verhalten zueinander.[21] In sehr unterschiedlichen Filmhandlungen werden stets wiederkehrende Probleme inszeniert, wie etwa die Konkurrenz von Schwestern um die Zuneigung ihrer

Eltern, die Liebe zum gleichen Mann oder über einen langen Zeitraum verdrängte Gefühle und ihre Bewältigung.

Eines der zentralen Themen ist das Bedürfnis von Schwestern, einander verbunden zu sein und dabei gleichzeitig ihre individuellen, häufig unterschiedlichen Träume zu verwirklichen und einen eigenen Weg zu gehen – was aber nicht immer möglich ist. Häufig wird dieses Motiv in dem Konflikt zwischen zwei Schwestern aufgegriffen und erzählt. Eine andere Variante, die in ähnlich zahlreichen Verfilmungen eingesetzt wird, sind Familienkonflikte und die ungelösten zwischenmenschlichen Verstrickungen einer Vorgängergeneration. Dabei sind es die Schwestern, die, beeinflusst von so genannten Altlasten, diese Konflikte austragen müssen. Meist handelt es sich dabei um mehrere Schwestern.

Die biologische Schwesternschaft ist dabei nur der Aufhänger zu der Frage, wie diese Frauen ihre Beziehung zueinander jeweils ausgestalten, d.h., ob sie sich überhaupt schwesterlich verhalten und wenn ja, wie sehr. Die Summe an filmischen Schwesternbeziehungen ist in sich sehr facettenreich – die Möglichkeiten reichen von symbiotischer Nähe über freiwillige oder unfreiwillige Solidarität bis hin zu extremem Gegensatz und sogar Hass.

Im Folgenden stellen wir exemplarisch eine ganze Reihe von Filmen vor, die einen sehr schönen Eindruck davon vermitteln, dass das Thema Schwesternbeziehung kontinuierlich in Filmen aufgegriffen worden und bis in die Gegenwart hinein von aktuellem Interesse ist. Das Spannende dabei ist, dass dieser Stoff nicht auf ein Genre beschränkt ist – ob es sich um eine Komödie, einen Thriller oder einen Liebesfilm handelt, Schwestern spielen in sehr unterschiedlichen Filmen eine zentrale Rolle. Abhängig davon, wie ergiebig ein Spielfilm für unsere Fragen ist, gehen wir auf den ein oder anderen – in chronologischer Reihenfolge – etwas ausführlicher ein.

LITTLE WOMEN (dt. Titel: DIE FRAUEN, USA 1933, R: George Cukor) basiert auf dem mehrfach verfilmten Roman mit demselben Titel von Luisa M. Alcott, der bereits 1868 erschienen ist. Er erzählt die Geschichte der vier Schwestern Jo (Katharine Hepburn), Amy (Joan Bennett), Meg (Frances Dee) und Beth (Jean Parker) während des amerikanischen Bürgerkriegs. Im Mittelpunkt steht Jo, die Schriftstellerin werden möchte, aber bei ihrer Familie bleibt, bis Meg heiratet. Erst anschließend geht sie nach New York, wo sie den Professor Fritz Bhaer (Paul Lukas) kennen lernt. In der Zwischenzeit heiratet ihre Schwester Amy Laurie Laurence, der zuvor in sie verliebt gewesen ist. Da die vierte im Bunde, Meg, im Sterben liegt, muss Jo New York wieder verlassen, um bei ihr zu sein.

Ausgehend von den Ergebnissen ihrer in Amerika durchgeführten Befragung versteht die Journalistin Elizabeth Fishel die Geschichte der vier Schwestern in *Little Women* als „das populärste und stärkste Modell dafür, wie Frauen sich Schwestern denken".[22] Dem ist nichts mehr hinzuzufügen.

TWO SISTERS FROM BOSTON (dt. Titel: ERFÜLLTE TRÄUME, USA 1946, R: Henry Koster)
Zwei Schwestern kommen um 1900 nach New York, um Karriere zu machen. Dies gelingt aber nicht wirklich, so dass sich Abigail Chandler und ihre Schwester Martha schließlich auf getrennten Lebens- und Karrierewegen befinden. Letztere lebt mit ihrer Familie in Boston und Abigail behauptet ihnen gegenüber, eine erfolgreiche Opernsängerin in New York sei. Tatsächlich arbeitet sie aber in einem Varieté, unter dem Namen „Hohes-C-Susi". Als Martha sie besucht, versucht Abigail die Wahrheit zu verbergen.

THE DARK MIRROR (dt. Titel: DER SCHWARZE SPIEGEL, USA 1947, R: Robert Siodmak)

Olivia de Havilland spielt in einer Doppelrolle das eineiige Zwillingspaar Terry und Ruth Collins, wodurch das Schwesternthema potenziert wird. In dem als Thriller und Film Noir angelegten Film wird eine der Schwestern des Mordes an dem Arzt Frank Peralda beschuldigt. Da beide Schwestern sich gegenseitig decken, ist es dem Lieutenant Stevenson nicht möglich, die Schuldige zu ermitteln. So veranlasst er den Zwillingsforscher Dr. Scott Elliot, Terry und Ruth zu untersuchen, um den Mordfall aufzuklären. Nun kommt es zu einer entscheidenden Wendung. Die bis dahin nicht zu unterscheidenden Schwestern entwickeln sich durch den Psychologen zu Gegensätzen – zu einer engelhaft guten und einer teuflisch bösen Frau. Da die Ähnlichkeit der beiden trotz Untersuchung eine Unterscheidung nicht zulässt, bleibt die Ironie bestehen. Der Film – und das bewahrt ihn davor, ins Triviale zu rutschen – verweist im Verlauf der Handlung immer wieder auf sein zentrales Thema, nämlich die symbiotische Verbundenheit der Zwillinge. Am Ende wird Terry abgeführt, während die andere behauptet, sie sei Ruth – wirklich sicher sein kann sich der Zuschauer aber nicht.

Was der Film in seiner Handlung versucht, nimmt er in der visuellen Umsetzung zurück: Die Darstellerin Olivia de Havilland hatte hier eine Doppelrolle. Mit Hilfe eines Spiegelverfahrens wurde ihr Bild reproduziert. Eine klare Unterscheidung der beiden Schwestern ist im eigentlichen Sinne gar nicht möglich.

WHATEVER HAPPENED TO BABY JANE (DT. TITEL: WAS GESCHAH WIRKLICH MIT BABY JANE?, USA 1962, R: ROBERT ALDRICH)
In einer Villa führen die Schwestern Jane (Bette Davis) und Blanche Hudson (Joan Crawford) ein eher sonderbares Dasein. Erstere war als Baby Jane ein von ihrem Vater (Dave Willock) geförderter Kinderstar und setzte stets ihre Launen gegenüber ihrer Mutter (Anne Barton) und ihrer Schwester durch. 1935 ist ihre Karriere allerdings beendet und Blanche ist nun der gefeierte Star. Dies ändert sich, als sie eines Abends einen mysteriösen Autounfall erleidet und von diesem Zeitpunkt an im Rollstuhl sitzen muss. Jane ist an diesem Abend verschwunden und wird von der Polizei völlig betrunken mit einem fremden Mann in einem Hotelzimmer aufgefunden. Blanche spricht nicht darüber, hingegen geht Jane dazu über, sich von nun an weiß zu schminken und die Lippen rot anzumalen. In dieser Aufmachung sieht sie aus wie eine schlechte Karikatur ihrer selbst als Kind. Die Haushälterin Elvira (Maidie Norman) weiß als Einzige, dass Jane trinkt, und überzeugt Blanche, die Schwester ärztlich behandeln zu lassen. Jane erfährt davon und verhindert, dass Blanche das gemeinsame Haus verkauft. Sie geht dazu über, ihre hilflose Schwester zu quälen und zu demütigen.

Letzten Endes entwickelt sich in der klaustrophobischen Atmosphäre des Hauses eine Tragödie: Jane tötet die Haushälterin und verletzt Blanche lebensgefährlich. Der Klavierspieler, den sie zuvor engagiert hat, um an ihre Karriere als Kinderstar anzuknüpfen, erfährt davon und eilt zum Haus. Jane rechnet damit, dass dieser die Polizei informiert, und flieht mit Blanche an einen Strand aus ihren Kindertagen. Sichtlich verwirrt kauft sie für sich und ihre Schwester Eiscreme und beginnt wie damals als Kinderstar zu tanzen, als

Schaulustige auf sie aufmerksam werden, die sie für ihr ergebenes Publikum hält.

SISTERS (dt. Titel: SCHWESTERN DES BÖSEN, USA 1973, R: Brian De Palma)
Dominique und Daniele kamen als siamesische Zwillinge zur Welt. Als Daniele sich in ihren Arzt verliebt, will sie von ihrer Schwester getrennt werden. Der Arzt löst das Problem auf eigene Art und Dominique stirbt bei dem zweifelhaften Eingriff. Danieles Psyche ist nach diesem Erlebnis gespalten – und damit wird sie zum lebensgefährlichen Albtraum für ihre männlichen Partner. Immer dann, wenn sie intim werden, tötet Daniele ihre Opfer mit einem Fleischermesser. Als die Reporterin Grace Zeugin eines solchen Mordes wird, die Polizei aber keinerlei Spuren entdecken kann, geht die Psycho-Folter erst richtig los.

DIE BLEIERNE ZEIT (D 1981, R: Margarethe von Trotta)
Die Schwestern Juliane und Marianne wachsen in den 50er Jahren in einem protestantischen Elternhaus auf. In der Folge engagieren sich beide politisch. Doch während die Reporterin Juliane eher verhalten agiert, wählt Marianne den Weg des bewaffneten Widerstands. Sie wird festgenommen und in Einzelhaft gesteckt. Von da an ist Juliane ihre einzige Verbindung nach außen, obwohl sie weder Mariannes Freund Wolfgang akzeptiert noch ihre politischen Argumente nachvollziehen und tolerieren kann. Mit der Zeit hinterfragt Juliane mehr und mehr die Bedingungen und Ursachen der Verhaftung ihrer Schwester und nähert sich ihr auf diesem Wege. Während eines Italienurlaubs mit ihrem Mann erfährt sie, dass Marianne sich in ihrer Zelle erhängt hat. In der Folge versucht sie zu beweisen, dass sie aber ermordet worden ist. Schließlich wird auf den Sohn ihrer Schwester, der bis dahin mit einer neuen Identität bei Pflegeeltern gelebt hat, ein

Brandanschlag verübt, nachdem man herausgefunden hat, wer er wirklich ist. Am Ende nimmt Juliane den Jungen zu sich und erzählt ihm, wer seine Mutter wirklich war.

SASAMEYUKI (dt. Titel: DIE TÖCHTER DES HAUSES MAKIOKA, J 1983, R: Kon Ichikawa)
Der Film ist in Japan am Vorabend des Zweiten Weltkriegs angesiedelt und thematisiert familiäre Erwartungshorizonte. Die vier Töchter des angesehenen Hauses Makioka treffen sich alljährlich zum Kirschblütenfest bei ihren Eltern in Kyoto. Für Außenstehende weckt die Familie den Eindruck, alles sei bei ihnen wohlgeordnet, aber zwischen den Familienmitgliedern tobt ein Zwist zwischen den traditionsgebundenen Schwestern und der einen Schwester, die sich davon löst.

HANNAH AND HER SISTERS (dt. Titel: HANNAH UND IHRE SCHWESTERN, USA 1986, R: Woody Allen)
An Thanksgiving, dem uramerikanischen Familienfest, treffen sich die drei New Yorker Schwestern Hannah (Mia Farrow), Lee (Barbara Hershey) und Holly (Dianne Wiest) wie schon so oft. Während Lee und Holly noch nicht gefestigt und unsicher sind, ist Hannah der ruhende Pol. Sie ist die Älteste, Mutter, Ehefrau und Schauspielerin. Doch ihre perfekte Welt gerät ins Wanken, als ihr Mann Elliot eine Affäre mit ihrer jüngeren Schwester Lee beginnt. Diese wiederum hält ihre Beziehung mit dem Maler Frederick für gescheitert. Die Jüngste, Holly, bittet Hannah schließlich noch um Geld und lässt sich auf ein Verhältnis mit dem Ex-Mann ihrer ältesten Schwester ein. Am Ende des Films – es ist zwei Jahre später und wieder ist Thanksgiving – hat sich alles in Wohlgefallen aufgelöst. Hannah hat die Affäre ihres Mannes überstanden und auch Holly und Lee sind glücklich liiert.

SISTER, SISTER (dt. Titel: DAS HOTEL IM TODESMOOR, USA 1987, R: Bill Condon)
Die beiden Schwestern Lucy und Charlotte Bonnard führen in den Everglades Floridas, einem sumpfigen, unzugänglichen Gebiet, das kleine, alte Hotel The Willows. Lucy leidet unter Wahnvorstellungen und ihre Schwester Charlotte kümmert sich aufopferungsvoll um sie. Das ändert sich, als sie eines Tages von ihrer Vergangenheit eingeholt werden, denn in ihrer Jugend verletzten sie einen jungen Mann, der sie belästigte, mit einem Messer. Nun will dessen jüngerer Bruder Rache dafür üben und sucht die beiden Frauen auf.

SOME GIRLS (alternativ: SISTERS, USA 1988, R: Michael Hoffman)
Michael verbringt auf Einladung seiner Collegeliebe Gabriella ein Weihnachtsfest bei ihrer Familie in Quebec. Kurz nach seiner Ankunft erklärt sie die Beziehung für beendet. Stattdessen sieht er sich den Verführungskünsten ihrer beiden Schwestern ausgesetzt. Aber auch der Rest der Familie besteht aus unberechenbaren Sonderlingen: Der Vater, Schriftsteller, spaziert den ganzen Tag nackt durchs Haus und die Großmutter verwechselt ihn mit ihrem toten Ehemann.

HILARY AND JACKIE (dt. Titel: HILARY UND JACKIE, GB 1998, R: Anand Tucker)
In Anlehnung an die Biografie *A Genius in the Family* der Geschwister Hilary Piers erzählt der Film die Lebensgeschichte von Hilary und Jacqueline du Pré. Die beiden musikalisch hochbegabten Schwestern verband eine außergewöhnliche Beziehung. Jackie machte Karriere als Cellistin und heiratete den berühmten Pianisten und Dirigenten Daniel Barenboim. Hilary hingegen zog aufs Land und gründete eine Familie.

1987 starb Jackie im Alter von 42 Jahren an den Folgen von multipler Sklerose.

Im Film beginnt die Lebensgeschichte der beiden Frauen zunächst linear mit ihrer gemeinsamen Jugend. Das Familienleben ist sehr harmonisch und Musik spielt eine große Rolle. In der Folge haben wir aber zwei Erzählstränge. Zunächst erfahren wir die Dinge aus der Sicht Hilarys (Rachel Griffiths), ihre Erinnerungen und die weitere Entwicklung ihrer Schwester: Momente der Empörung wie über das Paket mit schmutziger Wäsche aus Moskau werden abgelöst von der stufenweisen Erkenntnis, wie allein gelassen die berühmte und exzentrische Schwester ist. Nach dem Perspektivenwechsel erfahren wir Näheres über Jackie (Emily Watson) und ihre Karriere, deren Stationen sie zunächst ganz verwundert über das eigene Können durchläuft, später aber voll lebt und genießt, bis sich schließlich die unheilbare Muskelschwäche ankündigt und sie mehr und mehr einschränkt.

Die Stereotypen der Schwesternschaft sind hier nicht zu übersehen: die sensible, dunkle Hilary und auf der anderen Seite die blonde, starke, Jackie. Die Hausfrau und Mutter in ihrem Haus auf dem Lande, das erst nach jahrelangen Mühen wohnlich ist, wird kontrastiert durch ihre Schwester, einer gefeierten Künstlerin, deren glamouröses Leben sich in Hotelzimmern und Stadtwohnungen abspielt.

PRACTICAL MAGIC (dt. Titel: ZAUBERHAFTE SCHWESTERN, USA 1998, R: Griffin Dunne)
Die Schwestern Sally (Sandra Bullock) und Gilian (Nicole Kidman) sind sehr erfolgreiche Hexen. Wenn es aber um Männer geht, versagen ihre Fähigkeiten ihnen den Dienst. Als lastete ein Fluch auf ihnen, segnet jeder Verehrer und potenzielle Partner sehr bald das Zeitliche. Die brave Sally hängt die Zauberei daraufhin an den Nagel und zieht sich zu den beiden

schrulligen Tanten zurück. Ihre Schwester hingegen genießt es, Männer zu erobern und unter die Erde zu bringen. Eines Tages gerät sie unwissentlich an einen brutalen Vampir und braucht die Hilfe ihrer Schwester, um ihn wieder loszuwerden.

VIRGIN SUICIDES (dt. Zusatz: VERLORENE JUGEND, USA 1999, R: Sofia Coppola)
In einem typisch amerikanischen Vorort Mitte der 70er Jahre leben die hübschen Lisbon-Schwestern mit ihren restriktiven Eltern. In ihrem Elternhaus wohlbehütet, werden sie für die Jungs in der Nachbarschaft zu Objekten der Begierde und Beobachtung: wahnsinnig verwirrend, faszinierend schön und absolut unerreichbar. Allen voran schwebt Lux, die zweitjüngste der Schwestern, wie ein Engel in den Fantasien der Jungs, allen voran begehrt sie der Mädchenschwarm Trip Fontaine. Als Cecilia, die Jüngste, Selbstmord begeht, ist das der Anfang einer Reihe unvorhersehbarer Ereignisse, deren Eskalation nicht mehr aufzuhalten ist. Letzten Endes nehmen sich alle Töchter das Leben, um sich so ihrem Umfeld zu entziehen.

LES SOEURS FACHÉES (DT. TITEL: ZWEI UNGLEICHE SCHWESTERN, F 2005, R: ALEXANDRA LECLÈRE)
Die Schwestern Louise (Catherine Frot) und Martine (Isabelle Huppert) könnten nicht unterschiedlicher sein, betreibt doch Louise in Le Mans einen Kosmetiksalon und will nun bei Martine, der großbürgerlichen, unnahbaren, zickigen Ehefrau in Paris unterkommen, um einen Verleger für ihren ersten Roman zu finden. Unausweichlich prallen die Temperamente aufeinander. Indem Louise ihren Roman unterbringt und Martine einen Ausweg aus ihrem erstarrten Puppenleben findet, tragen beide am Ende zumindest einen kleinen Sieg davon.

IN HER SHOES (dt. Titel: IN DEN SCHUHEN MEINER SCHWESTER, USA 2005, R: Curtis Hanson)
Die zwei Schwestern Maggie (Cameron Diaz) und Rose Feller (Toni Colette) haben eigentlich nichts gemeinsam – außer ihrer Schuhgröße. Zwischen ihren Wertvorstellungen und ihrem persönlichen Stil liegen Welten, ein Unterschied wie Tag und Nacht. Maggie hat nur mit Mühe ihren Schulabschluss geschafft, ist immer wieder arbeitslos und quartiert sich bei Verwandten und Freunden ein. Aber sie hat das natürliche Talent, immer perfekt auszusehen und jeden Mann um den Finger zu wickeln. Rose dagegen hat ihren Abschluss an der Universität Princeton gemacht und ist Anwältin in einer der angesehensten Kanzleien Philadelphias. Sie verschanzt sich in einer schön eingerichteten Altbauwohnung vor der Außenwelt, kämpft ständig mit ihrem Gewicht und fühlt sich nie wohl in ihrer Haut. Ihre einzige und große Leidenschaft sind Schuhe, denn die passen anders als Kleider immer. Doch leider steckt sie beruflich in einem Hamsterrad und hat so selten Gelegenheit, die Schätze aus ihrem Schrank hervorzuholen und auszuführen. Es kommt zu einem katastrophalen Eklat zwischen den Schwestern und beide müssen sie einen steinigen Weg zurücklegen, um schließlich zu erkennen, was sie einander wirklich bedeuten. Unterstützung erhalten sie von ihrer Großmutter Ella (Shirley MacLaine), von der sie annahmen, sie sei verstorben. Sie zeigt Maggie und Rose, wie sie mit sich selbst und miteinander Frieden schließen.

All diese Filme über Schwestern – und die Reihe ließe sich beliebig fortsetzen – haben trotz sehr unterschiedlicher Handlungen mehrere Gemeinsamkeiten. Da ist zum einen die Tatsache, dass die Identitätsfindung und -bildung einer Schwester auf die andere(n) Schwester beziehungsweise Schwestern bezogen ist. So erschließen sich einer Protagonistin beispielsweise rückblickend ihre persönliche Entwicklung und ihre beruflichen Stärken erst, wenn sie diese in Relation zum Entwicklungsprozess und dem beruflichen Werdegang ihrer Schwester setzt und reflektiert.

Des Weiteren ziehen sämtliche Spielfilme ihre Spannung und Dramatik daraus, dass sie an der Schnittstelle zwischen biologischer und emotionaler Schwesternschaft angesiedelt sind. Mit anderen Worten: Die Brisanz der beschriebenen Geschichten resultiert daraus, dass sich das Verhältnis zweier leiblich miteinander verwandter Frauen weder durch Nähe noch Solidarität auszeichnet. Stattdessen geraten sie in einen Konflikt.

Abschließend verfolgen alle filmischen Schwestern dasselbe Ziel: Sie befinden sich auf der Suche nach ihrem eigenen, ganz persönlichen Weg, der neben dem Miteinander das Gegeneinander zulässt und einschließt. Und genau das ist, was uns allen so erstrebenswert erscheint und als die ideale Lösung für einen Streit zwischen Schwestern angesehen wird.

4
Schwestern in der Psychologie

Die Persönlichkeit von Menschen kann aufgrund ihrer Position in der Geschwisterreihe typologisiert werden. Diese Erkenntnis geht auf Alfred Adler zurück, der im Bereich Geschwisterforschung Pionierarbeit geleistet hat. Er war einer der ersten Schüler von Sigmund Freud. Anders als seinem Mentor ging es ihm weniger um die Schädigungen und seelischen Schwächen beziehungsweise Defizite, die zu psychischen Problemen und Erkrankungen führen können. Adler stellte vielmehr den Einzelnen in seinem engeren und weiteren Umfeld in den Mittelpunkt seiner Forschung. Ihn interessierte die Frage, welche Eigenschaften und Voraussetzungen den einzelnen Menschen stärken oder schwächen. Damit begründete er die Individualpsychologie, die die Familienstruktur und deren prägenden Einfluss insbesondere auf Kinder untersucht. Adler formulierte die These, dass das Verhalten eines Menschen im Erwachsenenalter sowie seine Persönlichkeit in der Familie geprägt werden. Adler betrachtete als Erster das Familiengefüge sowohl vertikal wie auch horizontal, d.h., neben der Abhängigkeit der Kinder von ihren Eltern, die ihnen als verantwortliche Erzieher voraus sind, werden die Geschwister als Ebenbürtige mit in die Analyse einbezogen, da sie sich auf derselben horizontalen Ebene befinden.

Dieser Ansatz spricht den Eltern zwar großen Einfluss zu, letztendlich wird für die Beurteilung der Entwicklung von Geschwistern aber die ganze Kernfamilie sowie deren Beziehungsgefüge mit herangezogen. Dies ist das Umfeld, in dem Individualpsychologen folglich die Ursachen für Konflikte suchen.

Heutige Familienpsychologen haben Adlers Modell im Wesentlichen übernommen, sie haben es aber weiter differenziert. Beispielsweise gehen Toman und Kaiser²³ stärker auf die Reihenfolge und den Altersabstand zwischen Geschwistern ein. Des Weiteren weisen sie Einflüsse wie insbesondere das Verhältnis zwischen Brüdern und Schwestern sowie die Entwicklung der Gesamtfamilie, d.h. die mögliche Trennung der Eltern oder Todesfälle eingeschlossen, auf die Persönlichkeit und Entwicklung eines Menschen nach.

Die ältere Schwester: Leistungsvorsprung und Altruismus

Aufgrund ihres höheren Alters haben die erstgeborenen Schwestern gegenüber ihren jüngeren Geschwistern zwangsläufig einen gewissen Vorsprung, was ihre Entwicklung angeht. Ebenso ergibt sich aus ihrer Position eine enge Beziehung zu den Eltern, da sie diese in der ersten Lebensphase sozusagen für sich allein haben. Diese beiden Faktoren sind von ganz zentraler Bedeutung für die älteste Schwester. Wir müssen hier aber berücksichtigen, ob es sich um ein Schwesternpaar handelt oder um Schwestern in einer größeren, gemischtgeschlechtlichen Geschwistergruppe.

Nach Alfred Adler sind Macht und die Machterhaltung das Hauptproblem des Erstgeborenen. Wie bereits gesagt, hat es als älteres und erfahreneres Kind den Vorteil der größeren Lebenserfahrung, den es auch nutzt, um die Machtposition dem jüngeren gegenüber zu behaupten.²⁴ Häufig sind es auch die Eltern, denen es diese Position verdankt. Sie betonen seine Klugheit und Vernunft im Vergleich zu dem jüngeren Geschwister, übertragen ihm aber auch gleichzeitig mehr Verantwortung, die es leicht überfordern kann. Bei diesen Voraussetzungen korrelieren die von Freud herausgestellten Gefühle von Neid und Konkurrenz zwischen Geschwistern, weil Erstgeborene ihre Position und die damit verbundenen Privilegien des Einzelkindes verteidigen müssen.

Auch wenn die heutige Geschwisterforschung diese Eigenschaften im Unterschied zu Freud nicht mehr als die dominierenden versteht, haben diese nach wie vor eine nicht zu unterschätzende Bedeutung. Aber selbst bei Freud wird bereits auf die Möglichkeit des persönlichen Wachstums hingewiesen, die sich für das erstgeborene Kind aus der „traumatischen" Erfahrung der Geburt des Geschwisterkindes ergibt. Die Erfahrungen „wirken erweckend auf das Gefühlsleben des Kindes und verschärfend auf seine Denkfähigkeit".[25]

Die neuere Geschwisterforschung, zu deren wichtigsten Vertretern unter anderem Walter Toman gehört, knüpft insbesondere an Alfred Adler an.[26] Sie alle beschreiben Erstgeborene als gewissenhafter und in Schule und Beruf erfolgreicher als ihre jüngeren Geschwister. Toman hat sich ausführlich mit erstgeborenen Schwestern und dem, was sich aus dieser Position ergibt, beschäftigt. Er kommt zu dem Ergebnis, dass sich diese Schwestern durch Persönlichkeitsmerkmale wie Stärke und Autoritätsorientierung, große Leistungsfähigkeit, Mütterlichkeit und Verantwortung auszeichnen. Erstgeborene Töchter bekleiden demzufolge häufiger Führungspositionen und können sich auch im privaten Bereich besser behaupten.[27] Der ständige Kampf um die Liebe und Anerkennung der Eltern kann aber auch eine Unsicherheit in außerfamiliären Beziehungen verursachen, so dass das Erreichen einer gesellschaftlich anerkannten beruflichen Position eher ein Mittel der Kompensation verwehrter Anerkennung und Liebe ist. Doch in der Regel sind sie in ihrem Wesen dominant, ernsthaft, ausdauernd und somit leistungsfähig. Männern gegenüber sind sie wenig aufgeschlossen. Anders als ihre jüngere Schwester, für die sie sich oft verantwortlich fühlen und eine mütterliche Rolle einnehmen, fällt es ihnen insgesamt leichter, auf Mann und Familie zu verzichten.

Trotz der Mutterfunktion für die jüngere Schwester identifiziert sich die ältere stärker mit dem Vater, seinen Wertvorstellungen, Erfolgsstreben und seiner Tatkraft. Der Vater aber geht seinerseits mit der jüngeren Schwester oft liebevoller um, worin die Familienforschung die größeren Probleme der erstgeborenen Schwestern im Umgang mit Männern begründet sieht. Diese Erkenntnisse bestätigt auch die Frauenforschung zum großen Teil. Sie postuliert außerdem, dass sich die Älteren oft als die Intellektuelleren, Selbstständigeren und weniger Attraktiven im Vergleich zu den Jüngeren sehen, und leiten daraus entsprechende Lebensentwürfe ab.

Die mittlere Schwester: Abhängigkeit und Rivalität

Mittlere Schwestern sind einerseits jüngere Schwestern, haben aber nicht die exponierte Position der Jüngsten. Daher spielt hier eine Vielzahl von Faktoren der Geburtenfolge für Zweitgeborene eine Rolle. Erst die spätere Forschung schenkt den zweitgeborenen Geschwisterkindern die ihnen gebührende Aufmerksamkeit, daher sind die Theorien über sie noch entsprechend lückenhaft.

Adler untergliedert die Zweitgeborenen in Bezug auf ihre Charaktereigenschaften in zwei Gruppen. Demnach streben die einen nach Gleichstellung mit dem älteren Geschwister und konkurrieren mit ihm, die andere Gruppe sind die verwöhnten Jüngeren, die keine Verantwortung übernehmen wollen und im Grunde passiv bleiben.[28] Walter Toman hingegen betont die größeren Freiheiten, die Zweitgeborene in der Beziehung zu den Eltern genießen, da diese durch die Erfahrungen mit dem ersten Kind jetzt toleranter sind und weniger fordern: „Die Jüngere hat größere Aussicht als ihre ältere Schwester, der Liebling ihrer Eltern, insbesondere ihres Vaters zu werden."[29] Demgegenüber wird die Beziehung zur älteren Schwester in erster Linie mit Abhängigkeit beschrieben. Durch den Unterschied in Alter und Erfahrung ist die Zweitgeborene in einem Wettbewerb mit der Älteren stets benachteiligt und wird von dieser dominiert beziehungsweise genießt deren Fürsorge – je nachdem, wie man es betrachtet. Die Ältere ist für die Zweitgeborene entweder ein Vorbild, an dem sie sich orientiert, oder eine Autorität, gegen die sie sich wehrt. Die Forschung sieht darin das Bewährungsfeld, auf dem zweitgeborene Schwestern besondere Stärken im Machtkampf entwickeln und so oft über die Ältere triumphieren. Da die jüngere zunächst nur das Leben mit einer älteren Schwester kennt, wächst sie wie selbstverständlich mit Kategorien auf, die Machtverhältnisse beschreiben: größer-kleiner, älter-jünger, stärker-schwächer usw. Es kann aber auch sein, dass die Jüngeren tiefe Minderwertigkeitsgefühle entwickeln, wenn sie immer im Schatten der älteren Schwester stehen, deren Bestimmung es ist, die Erfahrenere und Klügere zu sein. Zwar sind sie demnach einerseits abhängiger und fühlen sich unter Umständen minderwertiger, sind andererseits aber freier und sorgloser, da sie mit weniger Leistungsdruck aufwachsen. Sie sind aber auch unkomplizierter und können sich leichter gesellschaftlichen Zusammenhängen anpassen.

Frauenforscherinnen bestätigen grundsätzlich diese Ergebnisse. So beschreibt Imme de Haen, die ausschließlich Familien mit Töchtern untersucht hat, die so genannte Zweite als „Emporkömmling", die ständig bestrebt ist, die Ältere auf irgendeinem Feld zu schlagen und deren Position einzunehmen.[30] Interessant und aufschlussreich ist außerdem ihre

Sichtweise des Konkurrenzkampfes der jüngeren Schwester im Hinblick darauf, eine anerkannte Position in der Familie zu finden: De Haen bezeichnet diesen Prozess nämlich als Feldsuche. Demzufolge versucht die Jüngere, sich in verschiedenen Lebensbereichen wie Hobby, Beruf, Beziehung zu den Eltern u.Ä. von der Älteren abzugrenzen, um sich von ihr zu unterscheiden und als Persönlichkeit zu profilieren. Es geht ihr also primär darum, anders zu sein. Das bedeutet, dass aus der Identitätssuche genau die Bestandteile herausfallen, die das Wesen der anderen ausmachen. Bei de Haens Untersuchung hat die Bedeutung der älteren Schwester für die Identitätssuche der jüngeren eine ganz zentrale Rolle.

Ganz anders verhält es sich bei Brigid McConville, die die Bedeutung der älteren Schwester eher in ihrer Funktion als Orientierungsperson und Vorbild für die Jüngere sieht.[31] Letztlich ist die Möglichkeit einer ganzheitlichen Persönlichkeitsentwicklung erst dann gegeben, wenn es der Zweitgeborenen gelingt, sich weder zu stark abzugrenzen, noch sich völlig an der älteren Schwester zu orientieren und sich ganz nach ihr auszurichten.[32] Elizabeth Fishel bemerkt im Hinblick darauf in ihrer frühen Untersuchung über Schwestern: „Ihre lebenslängliche Rivalität gehört zu ihrer lebenslänglichen Aufgabe, getrennte Identitäten zu finden, sie ist paradoxerweise der Nährboden für ihre Individualität."[33]

Der Geschwisterforscher Sulloway hat eine Vielzahl an Lebensläufen von Geschwistern ausgewertet, wobei er nicht ausreichend zwischen denen von Schwestern und denen von Brüdern differenziert. Dennoch sind seine Ergebnisse für unsere Fragestellung von großem Nutzen. In seinen Untersuchungen fand auch er für den Prozess, wie ihn Fishel beschreibt, zahlreiche Belege: Demnach entwickeln jüngere Geschwister Eigenschaften wie zum Beispiel Risikobereitschaft oder nicht-konformes Verhalten in Reaktion auf die Verhaltensweisen eines älteren Geschwisters.[34] Ebenso geht die Erkenntnis, dass mittlere Kinder in besonderem Maße kompromissbereit sind und versuchen, über Bündnisse die eigenen Ziele zu erreichen, auf ihn zurück. So können wir von einem Alleinstellungsmerkmal der Zweitgeborenen sprechen.

Die jüngste Schwester: Nesthäkchen und Gewinnerin

Der Schlüssel zur Psyche der jüngsten Geschwister liegt – vertikal gesehen – in ihrem Geburtsrang, denn nur sie allein dürfen die Zuwendung der Eltern ungetrübt erfahren. Zudem ist deren erzieherische Strenge souveräner und flexibler geworden als bei den früher geborenen Kindern. Das führt dazu, dass die jüngsten Kinder verwöhnt werden – zumindest in den Augen der älteren Geschwister.

Gleichzeitig müssen die Zuletztgeborenen aber mit den anderen Geschwistern – also auf der horizontalen Ebene – die familiären Nischen verhandeln, in denen sie erfolgreich ihre eigene, unabhängige Identität ausbilden können. Daher kommt es in größeren Geschwistergruppen zu einem charakteristischen familialen Subsystem, den so genannten Sprung-Paaren: Direkt aufeinander folgende Geschwister grenzen sich ab, während die Schwestern und Brüder mit einem größeren Altersabstand ähnliche Verhaltensweisen und Lebenswege wählen. So können jüngste Schwestern die Eigenschaften von Erstgeborenen sowohl übernehmen als auch nutzen.

Allerdings muss grundsätzlich bedacht werden, dass die Prägung aufgrund der Reihenfolge zwar ein starker Faktor ist, der durch andere Lebensumstände aber durchaus relativiert werden kann. Somit ergeben sich dann die berühmten Ausnahmen, die die Regel bestätigen. Eine Variante ist beispielsweise die Erkrankung eines Kindes im frühen Lebensalter an Kinderlähmung oder ein komplizierter Unfall, der die Sorge aller auf das Kind lenkt. Eine weitere Möglichkeit ist Hochbegabung, die den Besuch einer besonderen Schule oder eines Internats erforderlich macht und wodurch das Kind früh aus dem Zusammenleben mit den anderen Geschwistern herausgerissen wird. In diesem Fall stimmen die Merkmale des davon betroffenen Kindes mit denen des jüngsten, die wir oben beschrieben haben, überein.

Schwestern und Brüder

Bereits Toman weist darauf hin, dass es bei gemischtgeschlechtlichen Geschwisterpaaren einen Unterschied macht, ob es ein Bruder oder eine Schwester ist, der oder die älter ist als das zweite Kind.[35]

Beträgt der Altersabstand zwischen dem Erstgeborenen und seiner Schwester mehr als zwei Jahre, so akzeptiert der ältere Bruder die Jüngere fürsorglich und entwickelt dabei ein Gefühl der Verantwortung. Das Mädchen hingegen wird leicht die weiblichen Rollenvorgaben akzeptieren, insbesondere wenn die Eltern dieses Verhalten durch ihr eigenes Beziehungsmodell unterstützen. Ist die Reihenfolge umgekehrt und somit das Mädchen das ältere, so wird es leicht veranlasst – auch durch das Vorbild der Mutter –, die Verantwortung und die Fürsorge für den jüngeren Bruder zu übernehmen.

Elisabeth Schlemmers empirische Untersuchung zum Leistungsverhalten bestätigt die von Toman formulierten Kategorien. Ihre Studie zeigt, dass Mädchen und Jungen auf die Geburt eines weiteren Geschwisters ganz unterschiedlich reagieren beziehungsweise von den Eltern zu unterschiedlichen Reaktionen angehalten werden. Kinder werden also zu einem frühen Zeitpunkt mit der späteren Übernahme traditioneller Rollen konfrontiert. Während ältere Mädchen angehalten sind, mütterliche Funktionen den jüngeren Geschwistern gegenüber zu erfüllen, wird bei älteren Brüdern darauf geachtet, dass es durch die Geburt von Geschwistern zu keinem Leistungsdefizit in der Schule kommt. Hier beginnt sich bereits die Schere zu öffnen, die zwischen Fürsorge als einem kulturell geprägten Merkmal von Weiblichkeit und Leistung als der kulturell männlichen Eigenschaft die Lebens- und Berufswege prägt. Diese Erkenntnis bestätigt zum Teil ältere Ergebnisse über die Ambivalenz und Rivalität in der Geschwisterbeziehung: Ist das ältere Geschwister ein Mädchen, suchen jüngere Geschwister häufiger bei ihr Hilfe und Zuwendung. Ebenso kümmert sich das ältere Mädchen fürsorglicher um die Jüngeren als ein Junge und wird bereitwilliger als Lehrende akzeptiert. Die Anfänge für die größere Bereitschaft von Mädchen, sich um jüngere Geschwister zu kümmern, aber auch die stärkere Wettbewerbsorientierung von Jungen könnten somit in der frühen Sozialisierung durch die Geburt eines Geschwisters und dem Umgang der Eltern mit diesem Ereignis liegen.[36]

Wir müssen die Machtverteilung zwischen Geschwistern ebenfalls abhängig von den Variablen Alter und Geschlecht betrachten, denn jüngere Mädchen ordnen sich älteren Geschwistern eher unter als Jungen.

Diese in ihrem Entstehen bereits kurz skizzierte Geschlechterpolarität beeinflusst die allgemeine Sichtweise auf Schwestern und das Interesse für ihre Lebensverhältnisse bis heute. Schwestern verstehen sich als Helferinnen oder Lehrerinnen für jüngere oder ältere Brüder, wobei sie häufig im Hintergrund bleiben.

Früher nutzten Schwestern die gute geschwisterliche Beziehung, um sich die Bildung anzueignen, die ihnen verwehrt wurde. Ebenso nutzen sie die Begleitung ihrer Brüder, um sich in der Öffentlichkeit zu bewegen.[37] Goethes Schwester Cornelia ist dafür ein prominentes Beispiel. Aus ihrem auf Französisch verfassten Brieftagebuch sowie aus den Briefen, die sie ihrem Bruder nach Leipzig schrieb, geht hervor, wie bildungshungrig und sensibel in der Wahrnehmung und klug sie gewesen ist. Dennoch wurde sie ihr Leben lang von Vater, Bruder und später von ihrem Ehemann Johann Georg Schlosser belehrt und bevormundet. Sie starb bereits 1777 im Alter von 27 Jahren an den Folgen der Geburt ihrer zweiten Tochter.

Für sie als Tochter einer immerhin reichen Frankfurter Familie gab es weder eine Alternative zur Ehe noch eine Möglichkeit der Bildung – es sei denn über Umwege, d.h. die Männer aus ihrem persönlichen Umfeld. Goethe selbst schreibt in seinen Erinnerungen *Dichtung und Wahrheit*, seine Schwester habe an mangelnder Schönheit und Melancholie gelitten. So prägte er nachhaltig ein über Jahrzehnte bestehendes unzutreffendes und vor allem negatives Bild seiner Schwester, das erst im 20. Jahrhundert durch engagierte Literaturwissenschaftlerinnen korrigiert wurde.[38]

Die Rolle der Eltern

Alle Arbeiten über das Verhalten von Schwestern beziehungsweise von Geschwistern heben hervor, dass Geschlecht, Geburtsreihenfolge und Altersabstand allein nicht genügen, um Aussagen über die Persönlichkeit eines Menschen zu machen. Insbesondere Faktoren wie das elterliche Verhalten, die familiären materiellen Verhältnisse sowie die Situation der Gesamtfamilie (d.h. auch der Verwandten) seien in die Beurteilung mit einzubeziehen. Von ebenso großem Einfluss seien die kulturellen Modelle, nach denen die einzelnen Menschen ihr Verhalten ausrichten. Mit der Bedeutung von Kunst, Literatur und Film haben wir uns bereits auseinander gesetzt, so dass wir uns im Folgenden der Eltern und ihrem Einwirken auf die Beziehung von Schwestern annehmen werden.

Die anfängliche Situation eines Kindes ist dyadisch, d.h. durch die Einheit von Mutter und Kind bestimmt. Die Ankunft eines Geschwisters, ob männlich oder weiblich, stört diese Einheit und zwingt das ältere Kind zu einer Umorientierung. Die Mutter ist also eine Bezugsperson, mit der sich eine ältere Tochter weit mehr identifiziert als die jüngere. Sie leidet sehr stark darunter, dass sich niemand mehr in dem gewohnten Maß um sie kümmert. Diesen Schmerz und das Gefühl der Hintanstellung versucht sie in der Rolle der kleinen Mutter zu bewältigen.[39] Das Verhältnis zur Mutter bleibt aber vielschichtig, da diese durch das Verhalten der älteren Tochter gespiegelt wird. Es kann durchaus sein, dass die Mutter darüber hinaus ihre eigenen Wünsche auf die Tochter überträgt und sie so in dem Versuch, aktiv und unabhängig zu werden, behindert. Trotz Rollenübernahme strebt die Tochter nach Autonomie, so dass sie sich in einem Zwiespalt befindet und Schuldgefühle aufkommen. Dieses Knäuel an Empfindungen ist nur schwer aufzulösen.

Auch die in Schwesternpaaren zu beobachtenden Gegensätze verdanken einen Teil ihrer Entstehung der Beziehung zur Mutter. Deren eigene innere Konflikte beeinflussen und bestimmen die Gefühle, die sie für die jeweilige Tochter hegt. In ihnen sind unterschiedliche weibliche und männliche Selbstanteile der Mutter angelegt. Dennoch bleibt offen, auf welche der Töchter diese Anteile, die ja nur zum Teil bewusst wahrgenommen werden, übertragen werden.

Aus den bisherigen Ausführungen ergibt sich die bedeutende Rolle der Eltern als Vermittlungsinstanz von gesellschaftlichen Normen und Werten für die heranwachsenden Kinder, sei es in ihrer Rolle als Geschwister oder als Mann beziehungsweise Frau. Eltern entscheiden, ob sie die vorab geschilderten gesellschaftlichen Zuschreibungen und Bewertungen von Geschwistern ungefiltert an die Kinder weitergeben, oder ob sie Wege finden, diese zu erklären, um den Konkurrenz und mitunter Hass auslösenden Effekt auf die Kinder zu regulieren. Da es im Kampf zwischen Geschwistern fast immer um die elterliche Aufmerksamkeit und Anerkennung geht, liegt es in der Hand der Eltern, wie geschickt und wie deutlich sie ihre Zuwendung auf ihre Kinder verteilen, um so Feindseligkeiten zwischen den streitenden Geschwistern vorzubeugen und zu reduzieren. Gelingt ihnen dies nicht, kann der schwesterliche Kampf ein Leben lang andauern. Bleiben die Eltern bei den Etikettierungen ihrer Kinder mit den Zuschreibungen von Erst- und Zweitgeborenen, verwehren sie ihnen innerliche Entwicklungschancen. Die Kinder internalisieren Stück für Stück die ihnen zugeschriebenen Rollen und bleiben unter Umständen ein Leben lang darin gefangen.

Dasselbe gilt für die Vermittlung der Rollen der Eltern als Mann und als Frau sowie ihrer Beziehung zueinander. Auf die Bedeutung der Mutter möchten wir in diesem Zusammenhang gesondert eingehen. Es liegt nämlich an ihr, ob sie ihrer Tochter die traditionelle gesellschaftliche Position der Frau unreflektiert weitergibt und autonome Bestrebungen der Tochter untergräbt, indem sie sie in ein Abhängigkeitsverhältnis mit ihr zwingt. Sie kann ihr aber auch einen Raum zur Identitätsfindung öffnen, damit sich die Tochter von ihr loslösen kann. Das Gelingen hängt davon ab, ob und wie die Mutter selbst diesen Konflikt verarbeitet hat, der aus dem Zwang zur Anpassung an die gesellschaftlich definierte Rolle der Frau und der gleichzeitigen Abwertung dieser Rolle entsteht. Je nachdem, wie sie die Spannung zwischen Autonomie und Abhängigkeit, die Umsetzung bestimmter Lebenskonzepte und ihrer sexuellen Identität bewältigt, vermittelt sie der Tochter ihre Lösungsmuster und damit eine bestimmte Konfliktstruktur.

Ein anderer wichtiger Faktor ist das Verhältnis der Mutter zu ihrem Körper und die Spiegelung von Sinnlichkeit im Verhältnis zu ihrer Tochter. Im ungünstigsten Fall wird über dieses Thema gar nicht gesprochen, so dass die Tochter im Umgang mit ihrem eigenen Körper unaufgeklärt und daher unsicher bleibt. In diesem Fall kann man davon ausgehen, dass die Mutter die gesellschaftliche Entwertung des eigenen Geschlechts verinnerlicht hat und dies der Tochter auch vermittelt. Das Erleben von Sinnlichkeit bleibt in diesem Fall völlig außen vor. Gelingt ihr jedoch das lustvolle Annehmen ihres Geschlechts und das Teilen sinnlichen Erlebens mit ihrer Tochter, kann diese ein ausgewogenes Verhältnis zu ihrem weiblichen Körper entwickeln.

Der Vater kann, je nachdem ob er Frau und Tochter als gleichwertig akzeptiert, an der Auflösung der vorgegebenen Strukturen mitwirken. Die Frau als autonome Persönlichkeit an seiner Seite anzuerkennen setzt, wie bereits beschrieben, eine auf der Basis der gegenseitigen Anerkennung errungene, gefestigte Identität und damit ein stabiles Selbstwertgefühl des Vaters voraus. Dies den Kindern vorzuleben ist für Eltern eine große Herausforderung. Ein Beharren des Vaters auf Macht und Meinung ohne die Bereitschaft zu Kompromissen weist auf dessen Instabilität und Unsicherheit hin.

Indem Eltern dieses Wissen für die Erziehung ihrer Kinder nutzen, können sie Spannungen in der Geschwisterreihe besser wahrnehmen und für ihre Söhne und Töchter erträglicher machen. Vielleicht ist es ja auch möglich, Konflikte produktiv zu nutzen und zu Stärken zu machen.

Eltern wirken immer auf die Charakterbildung ihrer Kinder ein. Sie können dabei aber auch sensibel und ausgleichend vorgehen, indem sie allen Kindern Gerechtigkeit und Wertschätzung signalisieren und vor allem keine materiellen Dinge als Liebesbeweise verteilen – ansonsten ist später Streit unter den Erben vorprogrammiert. Vorausgesetzt, das Geschwisterverhältnis ist grundsätzlich schwierig gewesen, so ist der Tod der Eltern für viele Geschwister der Höhepunkt ihres familiären Dramas. Geschwisterforscher wie Hartmut Kasten sehen in der Rolle der Eltern sogar den entscheidenden Faktor, um das verminte Gelände der Geschwisterbeziehungen ungefährlicher zu machen. Sensible Eltern, so Kasten, „münzen die Rivalität unter ihren Kindern in Erfolg um und zeigen jedem eine Nische, in der er konkurrenzlos glänzen kann".[40]

Geschwister auf der Suche nach einer Nische

Die Idee, dass Geschwister dann am besten miteinander kooperieren, wenn sie eine Nische für ihre Talente finden, stammt von dem amerikanischen Geschwisterforscher Frank Sulloway. Er hat aus den bereits vorgestellten Kategorien, die Anhaltspunkte über Geschwister liefern – Geschlecht, Alter, Reihenfolge –, besonders das Kriterium der Reihenfolge für die Erklärung der Eigenschaften von Brüdern und Schwestern genutzt. Sulloway geht es vor allem um die Frage, unter welchen Bedingungen Menschen kreativ und innovativ werden und die Fähigkeit entwickeln, völlig nonkonforme, bahnbrechende Entscheidungen zu treffen. Zu diesem Zweck hat er die Lebensläufe europäischer und amerikanischer Persönlichkeiten aus zwei Jahrhunderten untersucht. Während Elizabeth Fishel sich auf die Aussagen von Zeitgenossinnen berufen hat, geht er historisch vor. Beiden geht es jedoch um die Verallgemeinerbarkeit von Einzelaussagen. Sulloways Ergebnisse sind für zwei Formen von Schwesternbeziehungen relevant: Zum einen für die Beziehung zwischen zwei Schwestern und zum andern für das Verhältnis zwischen Schwestern und Brüdern. Da sich Sulloway an Darwins Evolutionstheorie orientiert, sieht er die Suche von Geschwistern nach Nischen als Hauptfaktor der Geschwisterentwicklung. Dabei geht es ihm nicht um die aussichtsreichste Überlebensmöglichkeit, sondern um den Weg eines jeden Geschwisters, seinen eigenen Platz zu finden und damit die Chance auf eine eigenständige Entwicklung und Identität zu haben. Wie der Titel seines Buches schon verrät, gelangt er über die Fülle der analysierten Lebensläufe – die an sich schon spannend und interessant zu lesen sind – zu folgender Aussage: Während sich ältere Geschwister konform verhalten und auf diesem Weg große Leistungen erzielen, werden jüngere Geschwister eher zu (ebenfalls erfolgreichen) Nonkonformisten, d.h. zu Reformern oder Rebellen, weil sie sich eine andere Nische suchen müssen, um sich von den Älteren abzuheben.

Bei Brüdern funktioniert diese Erklärung, bei Einzelkindern bleibt Sulloway eher ratlos. Bei Schwestern hingegen muss er sein Modell der komplexen Wirklichkeit der Geschlechtsunterschiede anpassen und Unterscheidungen einführen, denn Angehörige eines Schwesternpaares suchen sich andere Nischen als Brüder. Dabei entwickelt sich die ältere Schwester häufig zur Innovativ-Kreativen, die jüngere Schwester führt eher ein unauffälliges, konformes Leben. Der Grund dafür liegt in den verschiedenen Rollenvorbildern: Die ältere Tochter erlebt nach der Geburt der Schwester, wie sich die Mutter dieser zuwendet, und sucht ihrerseits den Anschluss beim Vater. Um sich weiterhin die Liebe ihrer Eltern zu sichern, wird sie intellektuell aktiv und profitiert von der Aufmerksamkeit des Vaters, den sie auf diesem Weg für sich gewinnt. Eine jüngere Schwester passt sich der älteren Schwester eher an und ordnet sich unter.

Anders verhält es sich, wenn eine Schwester einen Bruder hat. Überwiegend profitiert sie davon intellektuell und wird dann zu einer Art Rebellin, d.h., sie entwickelt viel kreatives und innovatives Potenzial. Haben wir eine gemischtgeschlechtliche Reihe mehrerer Geschwister, so liegt es wiederum nahe, dass die ältere Schwester die Elternrolle übernimmt und ihr Leben eher konform und konservativ ausgestaltet, während die jüngere Schwester die Nische der Innovation wählt: „In der amerikanischen Geschichte waren die radikalsten Reformerinnen im Allgemeinen jüngere Geschwister. [...] Erstgeborene Frauen dagegen haben sich nicht an radikalen Reformen beteiligt, sondern ihre Bemühungen darauf beschränkt, das System zu verbessern; an Umsturz dachten sie nicht."[41]

Da Sulloways Erhebung einen Zeitraum von über 200 Jahren umfasst, äußern andere Geschwisterforscher (berechtigte) Einwände gegen seine Thesen. So träfen sie nur für traditionelle Kulturen zu, in denen Eltern und Kinder einem festgefügten Wertekanon verbunden waren. „Seine Daten stammen aus einer Zeit, in der die Lebensläufe statischer waren", veranschlagt etwa Hartmut Kasten. Der Schweizer Psychologe Jürg Frick geht sogar so weit zu sagen, dass „in modernen Industriegesellschaften ihnen die Grundlage [fehlt]".[42]

Gänzlich unzeitgemäß sind die Ideen Sulloways dennoch nicht, denn der partnerschaftliche und demokratische Erziehungsstil, der sich in den westlichen und wohlhabenden Gesellschaften durchgesetzt hat, gilt keineswegs überall. Vielmehr begegnet man auch bei den Familienverhältnissen der „Gleichzeitigkeit des Ungleichzeitigen", wie es der Philosoph Ernst Bloch ausdrücken würde. Die materiellen Verhältnisse, unter denen Kinder aufwachsen, haben sich verbessert. So können etwa alle Kinder einer Familie die Schule besuchen, eine Ausbildung absolvieren oder studieren. Neben diese sichtbaren Privilegien sind immaterielle, unsichtbare Einschränkungen getreten. Denn obwohl heute Dinge wie Erbschaft, Fortsetzung der Familientradition und Fürsorgepflicht für die Eltern nicht mehr den ältesten Kindern vorbehalten sind, richten Eltern häufig die entsprechenden Erwartungen eben doch an ihre ältesten Kinder und erzeugen damit auf symbolische Weise die gleiche Situation wie die Urgroßeltern auf materiell-handgreiflichem Weg. Von daher erachten wir die Thesen Sulloways als durchaus relevant, um zeitgenössische Familienkonflikte zu erklären.

Die psychologische Typologie auf dem Prüfstand: Die Geschichte der drei Schwestern Mann

Wir alle kennen Thomas Mann (1875–1955), der 1929 den Literaturnobelpreis erhielt, dank zahlreicher Biografien und nicht zuletzt aufgrund des Dreiteilers von Heinrich Breloer, der erstmals 2001 im Fernsehen ausgestrahlt wurde. Auch sein Bruder Heinrich, mit dem er während des Ersten Weltkriegs in heftigen Streit geriet (der aber in der Familienkonstellation der rivalisierenden Söhne schon angelegt war), ist vielen aufgrund seiner Romane ein Begriff. *Der Untertan*, erschienen 1918, und *Professor Unrat* aus dem Jahre 1905, der mit Marlene Dietrich unter dem Titel *Der Blaue Engel* 1931 in die Kinos kam, sind den meisten ein Begriff. Thomas Manns Sohn Klaus schrieb mit *Mephisto*, erschienen 1936, eine ätzend scharfe Entlarvung des Nationalsozialismus. Thomas Manns Ehefrau Katia bestand darauf, dass einer in der Familie nicht schreiben solle, und veröffentlichte ihre Erinnerungen unter dem Titel *Meine ungeschriebenen Memoiren*, die 1974 erschienen.

Aber wer kennt die Namen der Töchter, der „drei Schwestern", wie Thomas Mann sie in seinem Tagebuch am 24.

Dezember 1943 nannte? Sie lauten Erika, Monika und Elisabeth. Die Auseinandersetzung mit ihrer Beziehung untereinander soll Ihnen die eher abstrakte Typologie der Psychologie näher bringen. Dabei übertragen wir die Ergebnisse der zitierten empirischen Studien zur Rolle der Erst-, Zweit- und Drittgeborenen auf Erika, Monika und Elisabeth Mann.

Erika – Selbstinszenierung und Schwerstarbeit

Uns fällt es schwer, Erika Mann (1905–1969) die Bewunderung zu verweigern. Zu überragend ist die Lebensleistung, sowohl als eigenständige Autorin, als vertraute Beraterin, die den Vater sein Leben lang unterstützte, sowie als Herausgeberin seines Nachlasses.

Die Ursachen ihrer Vielseitigkeit und ihres emsigen Tuns sind ganz klar auf die biografische Konstellation in der Familie zurückführen. Ebenso ist sie die Ursache für das emotionale, aber auch materielle Verhältnis, das sie zu den anderen Familienmitgliedern und insbesondere den Schwestern hatte.

Aufgrund ihrer Geschwisterposition hatte sie sehr früh die Vorreiterrolle, der Vater bezeichnete sie gar als „kühnes, herrliches Kind". Sie behauptete ihre Position durch Leistung, worunter im Hause Mann die Kinderspiele und Theateraufführungen verstanden wurden und nicht ihr eher geringer Erfolg in der Schule. Durch die Lösung schwieriger Situationen sicherte sie sich zusätzlich die Anerkennung und damit die Liebe ihrer Eltern. Eine vielfach überlieferte Szene, die am Beginn einer Kette von Selbstüberforderungen steht, führt ihre zentrale Position eindringlich vor Augen: Die Familie sitzt ratlos um den Mittagstisch, weil die Pilzsuppe so sonderbar schmeckt, dass man sie eigentlich wegschütten will. Da kommt Erika aus der Schule, probiert die Suppe und entscheidet: „„Da fehlt Salz.' Es stimmte; ein paar Löffel Salz ließen die Suppe schmecken, wie Pilzsuppen zu schmecken haben. – Der Vorfall wurde später sprichwörtlich. Wie oft habe ich meinen Vater sagen hören: ‚Die Erika muss die Suppe salzen.'"[43] Die anekdotenhafte Zuspitzung des Vorfalls aus den Kriegsjahren 1914 bis 1918 lässt schließen, dass sie mehr als eine amüsante Facette der Familiengeschichte ist. Die Rolle der Ältesten wird damit für die Zukunft zementiert.

Beide Eltern scheinen die Hilfe der Heranwachsenden offenbar gebraucht und bereitwillig angenommen zu haben, wie eine Szene bei der Geburt Michaels zeigt: „Erika meldete mir den ‚Buben'. [...] Hübsch die Gratulation der Kinder, an deren Spitze Erika das Kleine ans Bett brachte", so von Thomas Mann im Tagebuch am 21. April 1919 festgehalten. Dieses absichtslos notierte Detail wirft ein Schlaglicht auf die damals Dreizehnjährige, der die Aufgabe zufiel, vermittelnd zwischen dem Vater und der von einer schweren Zangengeburt erschöpften Mutter zu stehen.

Ihre Position in der Geschwisterreihe ist der Auslöser für ein Verhalten, das Erikas Biografie entscheidend prägt: Sie tappt ihr Leben lang in die Elternfalle. Wiederholt berichten ihre jüngeren Geschwister von Szenarien, in denen die älteste Tochter als Erzieherin auftritt. Golo erzählt in seiner Geburtstagsrede (Erika Mann, *Briefe und Antworten*, Bd. 2, 240), wie sie den Bruder Michael verhört und tadelt. Die Jüngste, Elisabeth, wiederum verehrte die große Schwester „kolossal", weil sie immer „wahnsinnig nett" mit ihr umgegangen ist (Breloer, 37).

Die Parentisierung verschärfte sich mit dem Exil zum Dauerzustand. Erika wuchs in die Rolle der „patenten Organisatorin"[44] hinein und übernahm in der Schweiz nach 1933 die Sorge für die beiden jüngsten Geschwister Elisabeth, genannt Medi, und Michael, der Bibi gerufen wurde.

Die Rolle der Ersatzmutter ist durchaus zwiespältig, denn so konnte Erika eigene Vorlieben wie etwa lange Autofahrten mit den Geschwistern ausleben, andererseits deklarierte sie dies ihnen gegenüber als ihre Pflicht und forderte dafür Dankbarkeit ein. Ihr Bericht an die Eltern über die häusliche Situation in Zürich vom 1. Juni 1938 zeigt unvermittelt, welche Beklemmung ihre Position unter den Geschwistern auslöste. Elisabeth ist zu diesem Zeitpunkt selbstquälerisch verliebt und Monika möchte sich mit dem ungarischen Kunsthistoriker Jenö Lanyi verloben. Erika hat sich angeboten, Näheres über die zukünftigen Verhältnisse des Paares in Erfahrung zu bringen. „Auf die Fragen in meiner Liste ‚hat Lanyi zu leben? Wovon lebt Lanyi? Besitzt Lanyi Geld?' habe ich noch keine definitive Antwort."[45] So sinnvoll das Wissen um das Auskommen der beiden gewesen sein mag, für die jungen Verliebten muss es bedrückend gewesen sein. Erikas Briefe verraten sehr viel über die Spannungen zwischen den Schwestern. Die Aggression der Ältesten richtet sich deutlich gegen die Partnerwahl der mittleren Schwester Monika. Da sich die jüngste Schwester sozusagen im Windschatten befand und ihr so Sanktionen erspart blieben, ist es ihr möglich, sich rückblickend über Erikas Anwandlungen respektvoll und versöhnlich zu äußern: „das hab' ich gern gehabt, dafür war ich dankbar."[46]

Diese Episoden aus dem Familienleben zeigen die problematische Seite Erika Manns. Ihr Verhalten, das sich weitgehend aus ihrer Stellung in der Geschwisterreihe ergab, musste die jüngeren Schwestern früher oder später in die Defensive treiben. Gleichzeitig sehen wir eine Frau, die sich in einem Dilemma befindet, da sie einerseits die Ersatzmutter ihrer Geschwister und andererseits das Kind ist, das den Eltern über deren Söhne und Töchter berichtet. Der Wunsch nach Anerkennung, der in den Briefen zwischen den Zeilen herauszulesen ist, zeigt ihre Abhängigkeit von Eltern und Geschwistern. Diese Abhängigkeit ging einher mit Egozentrik, aus der sie ihre persönlichen Stärken zog. Dazu gehörte ihre Eleganz ebenso wie ihr strahlendes Wesen. Dadurch besaß sie die Gabe, Menschen zu gewinnen und zugleich auf Distanz zu halten, wie ihren langjährigen Freund Martin Gumpert, der sie gerne geheiratet hätte.

Noch ein weiteres Merkmal geschwisterlicher Rollenzuschreibung trifft auf sie zu: So, wie man sie früher in den Mittelpunkt geschoben hatte, so behauptete sie später diese zentrale Position, indem sie die Mutter und die anderen Geschwister verdrängte und sich unentbehrlich machte. Über Sach- und Organisationsfragen hinaus war Erika etwa bei den öffentlichen Lesungen des Vaters unabkömmlich. Dort beantwortete sie dank ihres guten Englisch die Fragen.

Insgesamt scheint Erika diese konfliktträchtige Situation unreflektiert erlitten zu haben – das legen ihre zahlreichen Erwähnungen von Krankheit in den Briefen an die Schwestern nahe. Wie untergründig virulent die Beziehung zu ihren Geschwistern bis zuletzt gewesen sein muss, lässt sich aus den Worten schließen, mit denen ihr jüngster Bruder Michael Mann nach Erikas Tod das Haus in Kilchberg betrat: „Jetzt ist es eigentlich ganz gemütlich hier."[47]

Monika – „für die hatte er nicht viel übrig"

„Und die Monika hat nie geholfen, sie war wahnsinnig faul und hat von sich selber gedacht, sie ist was Besonderes, und sie braucht nicht zu arbeiten." So urteilt die jüngste Schwester rückblickend über die mittlere Tochter und schließt sich somit der harten Wertung anderer über Monika (1910–1992) an, die

„seltsam verloren zwischen genialischen Großen und verzärtelten Kleinen" stand.[48] Wie konnte es aber zu dieser Einschätzung kommen? Welches Verhalten ging diesem Urteil voraus und welche Rolle spielt dabei ihre Position in der Familie?

Monika erfuhr nur einen kleinen Teil der väterlichen Liebe, die ohnehin ungleich verteilt war. So weiß der Cousin Klaus Pringsheim: „Und die Monika – für die hatte er nicht viel übrig."[49] Damit blieb ihr die Ermutigung vorenthalten, die die älteren Geschwister von Jugend an erfahren hatten und die ihnen zu literarischem Erfolg verholfen hatte. Als logische Konsequenz dieser emotionalen Dynamik kann ihr Verhalten als Versuch verstanden werden, eine eigene, deutlich von der Identität der Schwester und des Bruders abweichende Persönlichkeit herauszubilden. Entweder erbrachte Monika das Gegenteil von deren Leistungen oder verweigerte Leistung an sich. Angesichts der klar zu ihren Ungunsten verteilten Machtverhältnisse ist diese ihr vielfach nachgesagte geringe Durchsetzungsfähigkeit als Versuch zu verstehen, zumindest etwas Aufmerksamkeit zu bekommen.

Im März 1939 heiratete Monika Jenö Lanyi. Dieser Schritt ermöglichte ihr eine selbstständige Existenz, wurde aber von der älteren Schwester misstrauisch verfolgt. Ihre Ehe fand ein fürchterliches Ende, als ihr Mann beim Untergang des Schiffes City of Benares am 17. September 1940 ertrank, während sie selbst, gerade 33 Jahre alt, stundenlang im Wasser trieb und gerettet wurde. Fraglos nahm sich die Familie der Hilflosen sofort an. Erika reiste zu ihr ins Krankenhaus nach Schottland und informierte die Eltern über deren Zustand und die Mutter wartete auf sie bei ihrer Ankunft in New York. Durch die Katastrophe erzwang sie sich Zuneigung, die man ihr schlecht verweigern konnte, was bei den Eltern ambivalente Reaktionen hervorrief.

Die sicherlich trauernde und von Depressionen geplagte Tochter blieb daher nicht lange bei den Eltern. Sie lebte lethargisch, wofür ihre Familie, die großen Wert auf Engagement und Außenwirkung legte, kein Verständnis hatte. Darüber hinaus ist eine stereotype Gewichtung der Beziehungen festzustellen, die Monika immer wieder herzustellen versuchte. Im Falle von Erika sehen wir sie als eine jüngere, impulsive, unintellektuelle Frau, die Gesten des Genusses zeigt und der älteren, disziplinierten, intellektuell ambitionierten Schwester gegenübersteht.

Diese Geschwisterkonstellation einschließlich ihrer Dynamik erklärt die emotionale wie räumliche Distanz der beiden Frauen. Wie Erika (*Mein Vater, der Zauberer*) veröffentlichte auch Monika Erinnerungen an ihren Vater, der zu dem schwierigen Verhältnis der beiden Schwestern beigetragen hatte. Ihre Darstellung im Band *Vergangenes und Gegenwärtiges* von 1956 des Zauberers, wie Thomas Mann im Familienkreis genannt wurde, gibt ihre markanten Erinnerungen an den Vater wider. Anders als Erika schildert sie die private Seite ihres Aufwiechsens mit den Eltern. Man hat den Eindruck, die verschworene Gemeinschaft präge Intimität und Zeitlosigkeit, da Monika sehr stark die Nähe zu den Eltern akzentuiert: „So saß ich denn jeden Abend möglichst lang auf ‚die Schoß' meiner Mutter, um das süße Gewicht des Augenblicks auszukosten." Zwischen ihr und Erika scheint hier noch keine Rivalität zu bestehen: „Sonntag früh empfing die Mama. Nämlich meine Schwester und ich durften zu ihr ins Bett hineinschlüpfen" (*Vergangenes und Gegenwärtiges*, 11; 12).

Sie teilt das Interesse des Vaters an spiritistischen Phänomenen und entwickelt mit ihrem Bruder Golo daraus „okkulte Spiele". Sie ist es, die am Tisch neben ihm sitzt, so dass er ihr ein Messerbänkchen in ihre verführerischen Haare wickelt (*Vergangenes und Gegenwärtiges*, 19; 30).

Ganz im Gegenteil zu den späteren Spannungen zwischen ihr und den Eltern zeigt sie sich als integriertes Geschwister, das mit der älteren Schwester auch den willentlichen Misserfolg in der „Höheren Töchterschule" teilt (*Vergangenes und Gegenwärtiges*, 39-43). Sie nimmt teil an „exzentrisch-ausgelassenen" Festen im Elternhaus.

Ihr mehrfach als Opposition charakterisiertes Verhalten ermöglicht einen ganz anderen Blick auf den berühmten Vater: „Was man so seine Ausstrahlung nennt, das ist ja doch ein heimlicher Terror. Wenn du ihm begegnest auf dem Flur, auf der Treppe, vor dem Tor, und es streift dich sein Flugesblick, hast du dich auszuweisen irgendwie!"[50]

Monikas Stärke ist das Fragmentarische, womit sie eine charakteristische Geste, eine Beobachtung aus dem Alltag zur Pointe zuspitzt. Dieser Stil stellt ihr kreatives Potenzial unter Beweis, das auf den Familienkonflikt zurückzuführen ist.

In späteren Jahren scheint es zu einer Art Waffenstillstand zwischen Monika und Erika gekommen zu sein. Erstere bemühte sich um die ältere Schwester und warb mit Geschenken um sie. Ein schönes Beispiel dafür ist die Erwiderung Erikas mit der charakteristischen Anrede in der familiären Geheimsprache: „Morrrr, – über den wunderhübschen Blumengruß habe ich mich recht sehr gefreut. Zu erheblichen Teilen stehen die farbenprächtigen Blüten noch immer vor mir, und […] erinnern sie mich täglich an die schöne schwesterliche Geste, die in ihnen Gestalt geworden. Merci vielmal."[51]

Elisabeth – „Prinzessin Dulala"

Thomas Mann bezeichnet in seinem Tagebuch am 15. März 1933 Elisabeth und Erika als seine beiden „Lieblingskinder". Ebenso wie Bruder Michael entwickelte die Jüngste (1918-2002) persönliche, andere Stärken zur Bildung einer eigenen Identität. So entschieden sie sich etwa für die Musik, als es um die Wahl eines Berufes ging, und waren in diesem Bereich relativ erfolgreich.

Das Verhältnis zu Erika ist von kindlicher Abhängigkeit geprägt. Ihnen widmete die Älteste ihr erstes Kinderbuch *Stoffel fliegt übers Meer* mit den Worten: „Für Medi und Bibi, weil sie meine Geschwister sind, und weil sie es gerne wollten."

Elisabeth erwähnt rückblickend zweimal, dass Erika durch die Aufmerksamkeit der Eltern privilegiert war: „Na ja, und die Eri bekam auch noch eine richtige Aussteuer, mit Silber und Geschirr und Leintüchern und so, damals gab es das noch. Wie ich geheiratet habe, hat es das nicht mehr gegeben, im Exil – ich habe keine Aussteuer bekommen." (Breloer, 51, 127). Gewiss handelt es sich hierbei um ein Detail, selbst wenn der materielle Wert einer Silberaussteuer beachtlich gewesen sein muss. Dennoch muss dieser Umstand Elisabeth sehr verletzt haben, trotz der engen Beziehung zur Schwester.

Die Spannungen nehmen in späteren Jahren noch zu, nachdem Elisabeth nach dem Tod ihres Mannes gemeinsam mit ihren Töchtern lebt: „Sie war eifersüchtig auf die Liebe meiner Eltern zu mir, sie war eifersüchtig auf mein Berufsleben, sie wurde dann – sie konnte so bös sein, wie sie lieb war. Und für viele Jahre standen wir dann leider gar nicht mehr gut. Es war nur in den letzten Jahren, wie sie dann sehr leidend war, dass wir uns wieder ganz und voll ausgesöhnt haben. Und wieder sehr herzlich standen" (Breloer, 167f.). Diese Darstellung der letzten Lebensjahre Erikas wird relativiert durch einen Brief der Ältesten an die Jüngste vom 19. Januar 1961 aus einer Züricher Klinik: „And what about you? Schon lange, mein Schatz, deucht mich, dass Du Dich Deiner lieben Mutter in ungemein geringem Grade annimmst. [...] Jetzt bin ich nicht nur hilflos, sondern ihr, seit nunmehr vier Monaten, eine Bürde, deren Scheußlichkeit wesentlich zu mildern Dir vorzüglich zu Gesicht gestanden hätte und bis auf weiteres stünde."[52] Diesen Brief unterschrieb sie mit ihrem Herz-Namenszug und fügte mit Bleistift an: „Bald kommen!" Dieser Bitte kam Elisabeth nicht nach. Wir schließen daraus, dass sie sich entschlossen der angetragenen Aufgabe widersetzte.

Erika musste sich zu dieser Zeit um die Mutter kümmern. Dies war der Preis, den sie für ihre exponierte und immer verteidigte Stellung als Sachwalterin ihrer Eltern zahlte. Die Absage der Jüngsten verletzte sie und schließlich gab sie nach, da sie ihr gegenüber – anders als bei Monika – keine Gefühle der Konkurrenz hegte. Vielmehr unternahm Erika den nachdrücklichen Versuch, die Fürsorge und Hilfe, die sie der jüngsten Schwester hatte angedeihen lassen, in Form von Fürsorge für die Mutter als Dank nun zurückzufordern. Hätten wir uns hier auf die freundlich-euphemistische Perspektive in Elisabeths Erinnerungen beschränkt, wäre der Widerspruch gar nicht bewusst geworden. Wir vermuten, dass der Vergleich der beiden zitierten Dokumente eher das Verhältnis der beiden Schwestern einfängt und wiedergibt.

Schlussfolgerung

Wir können festhalten, dass Erika als älteste Schwester sehr früh Aufgaben der Eltern übernimmt und diese Helferrolle zeitlebens nicht mehr loswird. Ebenso ist auch ihr intellektuelles Übergewicht, gegen das sich die mittlere Schwester Monika als Rivalin wenig erfolgreich auflehnt, auf ihre Position zurückzuführen. Letztere hingegen beschreiben Biografen bis heute als Außenseiterin innerhalb der hierarchischen Ordnung der drei Frauen. Ebenso der besondere Stellenwert der Jüngsten, der Lieblingstochter Elisabeth, lässt sich psychologisch begründen.

Diese Ausschnitte aus dem Leben der Töchter Thomas Manns belegen insgesamt die typischen, von der Familienpsychologie bereits festgestellten Konfliktstrukturen innerhalb einer Geschwisterreihe. Einmal sind diese Konflikte um ihrer selbst willen aufschlussreich, andererseits zeigen sie die Strategien Einzelner, diese aufzuarbeiten. Es liegt auf der Hand, dass die Bewältigung in einer Familie, in der Schreiben Verdienst und Lebensinhalt war, sehr komplex ausfallen und Ergebnisse liefern musste, die auch heute noch von dauerndem Interesse sind.

Zunächst ist Erika die produktivste der drei Frauen, wobei sie es vermied, wie Thomas Mann Romane zu verfassen. Diesen Versuch unternahm der Bruder Klaus, der sein Leben lang abhängig war vom Urteil des erfolgreicheren Vaters. Erika wurde Schauspielerin und Journalistin. Letzteres ermöglichte es ihr vor allem in den 30er und 40er Jahren, dort dabei zu sein, wo Entscheidungen getroffen wurden, so hielt sie sich während des Blitzkriegs in London auf. Zudem lernte sie zahlreiche bedeutende Persönlichkeiten aus Europa und Amerika kennen und lebte dadurch sozusagen am Puls der Zeit. Diese Annahme belegen ihre Essays und ihre Autobiografie, in der sie kaum ein Wort über ihr persönliches Leben verliert, dafür umso mehr über ihre Arbeit. Letzten Endes ist es Erika Mann gelungen, sich als eigenständige Autorin zu etablieren die es verstand, Leser durch ihren packenden und einprägsamen Stil für ihre Texte zu gewinnen.

Monikas Heirat mit dem ungarischen Kunsthistoriker Jenö Lanyi war der Beginn ihres eigenen, deutlich von dem der Familie abweichenden Lebens, das durch den frühen Tod ihres Mannes ein jähes Ende findet. Tief getroffen verbringt sie einige Jahre nahezu seelisch gelähmt und nur halb gelitten im Kreis der Familie. Später verfasst sie essayistische, autobiografische Texte und nimmt sich damit eines Bereichs an, in dem die Älteste bereits aktiv ist. Dabei spielt es keine Rolle, dass sich Monikas Darstellungen der Familie fast ausschließlich auf den privaten Bereich beschränken und damit das Gegenteil von den journalistischen Texten der Ältesten sind. Eine andere Gemeinsamkeit der beiden Frauen ist ihre Kinderlosigkeit.

Elisabeth heiratete sehr früh einen weitaus älteren Mann und entzog sich so rechtzeitig den Eltern. Anders als ihre älteren Schwestern gründete sie eine Familie. Ihre Feldsuche – um mit Sulloway zu sprechen – ist ihr insofern geglückt, als sie nicht das Schreiben, sondern die Wissenschaft wählte und Meeresbiologin wurde. Von allen drei Schwestern lebte sie am längsten.

Wenn es darum ging, die „Verstrickungen"[53] dieser Familie auszuhalten, waren die Töchter wesentlich erfolgreicher als ihre Brüder. Wie schon zwei Schwestern ihres Vaters, Carla und Julia Mann, nahmen sich außer Golo alle Brüder das Leben.

Erika, Monika und Elisabeth hingegen, so unterschiedlich sie sich zueinander verhielten, verdanken den insgesamt positiven Verlauf ihres Lebens den gesellschaftlichen Gegebenheiten. Die – anders als etwa fünfzig Jahre zuvor – boten ihnen den nötigen Raum, um sich persönlich und beruflich zu entfalten. Wer weiß, ob sie angesichts der familiären Situation unter weniger fortschrittlichen Umständen nicht auch den Freitod gewählt hätten.

Teil II

Schwesternleben

5
Schwesternbeziehungen im Alltag

Keine Kinder – keine Geschwister

Wir alle kennen das Szenario zur Genüge: Politische und insbesondere bevölkerungspolitische Diskussionen thematisieren seit Jahren hartnäckig die hiesige Geburtenentwicklung. In zahlreichen und sehr unterschiedlichen gesellschaftlichen Diskursen war und ist immer wieder das Geburtenverhalten der Deutschen, das sich seit den 60er Jahren massiv gewandelt hat, ein Thema.

Einer der Auslöser dafür ist sicherlich die steigende Anwendung von empfängnisverhütenden Mitteln. So steuern Antibabypillen eine zuverlässige Planung der Schwangerschaft und den Abstand zwischen den Geburten – und haben somit einen indirekten Einfluss auf die Reduzierung der Familiengröße. Große Familien mit mehreren Kindern werden weniger, kleine Familien mit nur einem oder maximal zwei Kindern scheinen sich durchzusetzen. Und wo die Familiengröße sinkt, gibt es weniger Geschwister. Hinzu kommt eine wachsende Anzahl von Paaren, die überhaupt keine Kinder mehr haben.

Eine Ursache dafür ist die höhere Bildung von Frauen. Insbesondere Akademikerinnen wollen qualifiziert erwerbstätig sein und können diesen Wunsch nur mit einer geringen familialen zeitlichen Belastung verwirklichen. Somit tragen sie zu der geringen Kinderzahl der Familien bei.

Jedoch lässt sich der demographische Wandel europaweit feststellen:

- Vielfältige Lebensformen haben sich herausgebildet: Für Erwachsene war früher nur die Ehe als Lebensform denkbar, heute kann man alleine leben, als Paar in getrennten Haushalten, als unverheiratetes Paar im gemeinsamen Haushalt und vieles mehr – die Bedeutung nicht-ehelicher Lebensformen ist also gestiegen. Eine unbefriedigende Ehe muss heutzutage auch nicht mehr stillschweigend ertragen werden; die Bereitschaft zur Ehescheidung steigt.
- Weniger Frauen heiraten, und wenn, dann in einem späteren Lebensalter, so in Europa zwischen 25 und 30 Jahren.
- Es gibt keinen zwingenden Zusammenhang mehr zwischen der Eheschließung und der Familiengründung. Junge Paare zögern die Elternschaft hinaus oder verzichten bewusst ganz darauf.

Diese Faktoren haben dazu geführt, dass in allen europäischen Staaten die Zahl der Geburten in historisch nie gekannter Weise gesunken ist: Um beispielsweise in Europa den Bevölkerungsstand zu erhalten, müssten 2,1 Kinder pro Frau geboren werden, der tatsächliche Durchschnitt beträgt aber nur 1,7 Kinder je Frau.

Hinsichtlich der endgültigen Zahl gibt es zwischen den einzelnen europäischen Staaten erhebliche Unterschiede: Eine Frau in Österreich, Italien oder Deutschland wird durchschnittlich weniger als 1,7 Kinder zur Welt bringen, eine Frau in Norwegen, Schweden oder Frankreich dagegen knapp über 2. Diese Zahl wird von irischen Frauen noch übertroffen: Man geht von ca. 2,4 Kindern pro Frau aus.[54]

Sinkende Geburtenzahlen bedeuten allerdings nicht zwangsläufig Geschwisterlosigkeit. Statistisch gesehen war der Rückgang der Geburtenzahlen eine Folge der Abnahme von Familien mit drei und mehr Kindern, der Zunahme von Ein-Kind-Familien und der zunehmenden Kinderlosigkeit in Deutschland. Trotzdem kann man momentan (noch) nicht von einer Einzelkind-Gesellschaft in der Bundesrepublik sprechen: Zwar wächst jedes dritte aller Kinder (31%) bereits ohne Geschwister auf, aber fast die Hälfte der minderjährigen Kinder (47%) haben wenigstens eine Schwester oder einen Bruder. 22% sammeln sogar Erfahrungen mit mehreren Geschwistern. Gleichwohl sieht es gegenwärtig so aus, als würden Geschwisterbeziehungen langfristig betrachtet sozusagen aussterben – zumindest im Hinblick auf leibliche Geschwister.

Es stellt sich daher die Frage, was diese Entwicklung für die gesellschaftliche Entwicklung im Allgemeinen und die individuelle im Besonderen eigentlich bedeutet. Wer hat eigentlich (noch) Geschwister? Wie werden sich Geschwisterkonstellationen in Zukunft entwickeln?

Einige Faktoren liegen auf der Hand: Wenn es nämlich erstens immer weniger Paare in Deutschland gibt, die überhaupt eine Familie gründen wollen, und zweitens von den weniger werdenden Paaren mit Bereitschaft zur Familiengründung immer weniger mehr als ein Kind bekommen, dann hat das selbstverständlich konkrete Auswirkungen darauf, ob es überhaupt noch Geschwisterkonstellationen geben wird. Kinder wachsen folglich häufiger ohne Bruder oder Schwester auf, was sich in der nächsten Generation darin auswirkt, dass diese Kinder keine Seitenverwandten – also Onkel und Tanten, Cousins und Cousinen – mehr haben. Aufgrund des steigenden Lebensalters der Menschen steigt aber die vertikale Verwandtschaftslinie. Konkret bedeutet das, dass das Kind ohne Geschwister sich einer Verwandtschaft gegenübersieht, die immer häufiger nur noch aus älteren Mitgliedern der Familie besteht. Somit wird beispielsweise ein gegenseitiger Austausch von

Werten und Normen der Familie von den älteren Generationen bis zur jüngsten immer schwieriger.

Die Bedeutung der Geschwisterbeziehung zu erfassen wird immer wichtiger, besonders wenn man bedenkt, dass es in Zukunft immer weniger Geschwisterbeziehungen geben wird – nicht etwa, weil die bestehenden Beziehungen aufgekündigt werden, sondern weil es schlicht keine Familien mit mehreren Kindern mehr gibt!

Aus dieser düsteren Prognose schließen wir jedoch nicht, dass Geschwister gar keine Rolle mehr spielen, denn zum jetzigen Zeitpunkt leben noch sehr viele Menschen mit Geschwistern zusammen. Der „Vierte Bericht zur Lage der älteren Generation in der Bundesrepublik Deutschland" aus dem Jahr 2002 stellt fest: „Zu den sozialen Netzwerken alter Menschen gehören auch deren meist aus der gleichen Generation stammenden Geschwister, Verwandte und Freunde. In der Berliner Altersstudie gaben etwas weniger als die Hälfte der befragten Frauen und Männer an, mindestens ein lebendes Geschwister zu haben. Allerdings nimmt der Anteil alter Menschen, die keine Geschwister mehr haben, von Altersgruppe zu Altersgruppe zu. Während die Hälfte der 70- bis 74-Jährigen mindestens ein Geschwister hat, sind es bei den 95-Jährigen und Älteren nur noch 15 %. Da die überwiegende Zahl der Frauen und Männer aber Geschwister hatte, gehört die Erfahrung, alle Geschwister zu überleben, zu einem weit verbreiteten Lebensereignis der hohen Lebensjahre."[55]

Die Wahrscheinlichkeit, ohne Geschwister zu leben, betrifft größtenteils die jüngeren Menschen – die demographischen Veränderungen lassen sich am ehesten durch einen Vergleich von Hochbetagten und Kleinkindern feststellen. Während bei den alten Menschen Geschwister wie selbstverständlich zum Leben dazugehörten, gilt das für moderne Kinder nicht mehr in dem Maße: Bereits jedes vierte Kind wächst als Einzelkind auf. Dabei wünschten sich ursprünglich die meisten Eltern mehr als ein Kind. In dem Maße, wie die Lebensläufe der Eltern weniger vorhersagbar geworden sind und verschiedene Lebensformen zugenommen haben, die Berufsorientierung der Frauen gestiegen ist, die Gesellschaft aber gleichzeitig das Bild der traditionellen nicht-erwerbstätigen (Familien-)Mutter aufrechterhalten hat, in dem Maße stieg und steigt die Geschwisterlosigkeit. Mit anderen Worten: Die Wahrscheinlichkeit, mit Geschwistern gemeinsam in einem Haushalt aufzuwachsen, steigt in deutschen Familien, wenn die Eltern verheiratet sind und zusammenleben.

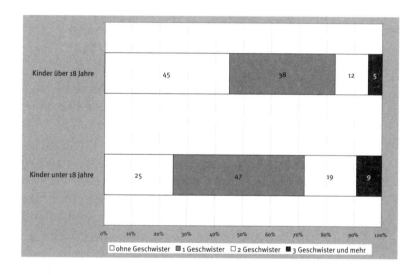

Ledige Kinder im März 2004 nach Zahl der ledigen Geschwister der jeweiligen Altersgruppe (in %), Deutschland
Quelle: Statistisches Bundesamt 2005: 28[56]

Im Jahr 2004 hatten immerhin 80% der minderjährigen Kinder mit verheirateten Eltern wenigstens eine Schwester oder einen Bruder. Von den Kindern, die mit ihrer Mutter oder ihrem Vater allein lebten, hatten 6 von 10 ein Geschwister. Und von den Kindern, deren Eltern nicht miteinander verheiratet waren, hatten immerhin 56% eine Schwester oder einen Bruder.

Unter den volljährigen Kindern, die noch im elterlichen Haushalt leben, sind 45% Einzelkinder, 38% haben eine Schwester oder ein Bruder. 12% leben mit nur einem Geschwister und 5% mit drei Geschwistern und mehr.

Interessanterweise verlassen heutzutage immer mehr Kinder ihr Elternhaus erst im Erwachsenenalter. Diese Entwicklung der letzten Jahre ist ebenfalls auf die verlängerten Ausbildungszeiten zurückzuführen. Im März 2004 waren 29% der Kinder, die noch im Elternhaus lebten, bereits volljährig. Allerdings verlassen junge Frauen den elterlichen Haushalt früher als ihre männlichen Altersgenossen: Mit 22 Jahren wohnten deutlich weniger als die Hälfte (44%) noch bei den Eltern.

Das bedeutet gleichzeitig, dass Geschwister heute so lange wie nie zuvor im gemeinsamen elterlichen Haushalt zusammen aufwachsen und daher deutlich länger als andere Generationen zuvor familiale Werte vermittelt bekommen (können).

Wir möchten noch einen weiteren Aspekt der Bevölkerungsentwicklung ansprechen. Berücksichtigt man nämlich, dass die Menschen erstens immer älter werden und dass zweitens Frauen durchschnittlich fünf Jahre länger leben als Männer, in Zukunft meist Schwestern gemeint sind, wenn wir von alten Geschwistern sprechen!

Noch etwas haben wir bislang unberücksichtigt gelassen. Durch den Anstieg der Ehescheidungen gibt es heutzutage eine wachsende Zahl zusammengesetzter Familien – voneinander getrennte Elternteile gehen eine neue Lebensgemeinschaft ein und bringen jeweils Kinder aus einer früheren Partnerschaft mit in diese neue Beziehung. Diese Kinder wachsen dann gemeinsam auf und haben auch eine Geschwisterbeziehung zueinander.

Zusammenfassend lässt sich also festhalten, dass Geschwisterbeziehungen bei älteren Generationen noch häufig vorhanden sind und bei den jungen Generationen immer seltener werden. Wie wir – ausgehend von unserer Umfrage – zeigen werden, kann diese Beziehung eine der intensivsten Beziehungen sein, die der Mensch in seinem Leben haben kann. In jedem Fall überdauert sie bei den meisten sogar die Beziehung zum Ehepartner und dauert somit am längsten. Das heißt aber noch lange nicht, dass Geschwisterbeziehungen einfach sind, wie wir ebenfalls noch zeigen werden.

Was sagt die sozialwissenschaftliche Forschung?

Bisher haben wir uns über die gesellschaftliche Perspektive der Geschwisterbeziehung genähert. Bei unserem Versuch, die bisherigen Erkenntnisse und Aussagen wissenschaftlich zu unterfüttern, haben wir festgestellt, dass es erstaunlich wenig Datenmaterial zum Thema Geschwisterbeziehungen gibt. Und das, was wir fanden, differenzierte nicht wesentlich zwischen den Geschlechtern, d.h., die Frage, ob es sich um Brüder oder Schwestern handelt, wurde gar nicht gestellt. Im deutschsprachigen Raum sind sie – so scheint es zumindest – von den meisten Wissenschaftsdisziplinen überhaupt nicht erforscht worden. Bisher wurden Geschwister hauptsächlich im Zusammenhang der Eltern-Kind-Beziehung untersucht. So fragte man sich etwa, wie sich die Paarbeziehung der Eltern untereinander und ihre Beziehung zum Erstgeborenen durch die Geburt des zweiten Kindes verändert. Eng daran geknüpft ist die Frage, wie sich die Geschwister aneinander gewöhnen und wie sie Strukturen des gemeinsamen Umgangs im Kleinkindalter entwickeln.[57]

Dahinter steht die Annahme, dass Eltern unbewusst auf verschiedene Weise mit ihren Kindern umgehen. So wird das älteste Kind anders behandelt als ein zweites, beide wiederum anders als weitere Geschwister – von einem unterschiedlichen Verhalten Jungen oder Mädchen gegenüber ganz zu schweigen. Dadurch – so die Forschung – werden die Geschwister in Abhängigkeit zu ihrem Rang in der Geburtenreihenfolge in sozusagen verschiedene Welten hineingeboren. Wir sind davon überzeugt, dass diese Welten individuell verschieden wahrgenommen werden und auch andere Voraussetzungen bieten. Veränderliche Faktoren wie Nähe, Intimität, Verbundenheit, Rivalität, Eifersucht und Aggression sind von großer Bedeutung dafür, wie wir unsere Geschwister wahrnehmen.

Hartmut Kasten[58] dokumentiert den wissenschaftlichen Stand der psychologischen Geschwisterforschung umfassend. Demnach dominieren zwei Ansätze bislang die Forschung: zum einen der der Geburtenrangfolge und zum anderen der zur Bedeutung der Geschwisterbeziehung für die individuelle Entwicklung. Aber auch hier gehen beide Richtungen nur ganz peripher auf das Geschlecht der Geschwister ein. Auch darauf kommen wir noch ausführlich zu sprechen.

Eine andere Forschungsrichtung versucht die Bedeutung der Kinder für ihre Eltern zu erklären.[59] Hier zeigen Kulturvergleiche, dass die Bedeutung von Kindern in verschiedenen Gesellschaften unterschiedlich eingeschätzt wird. Paare in modernen Gesellschaften sind nicht mehr auf Kinder angewiesen, was etwa ihre Altersversorgung angeht. An ihre Stelle sind die Sozialversicherungssysteme getreten: Renten, Pensionen, Krankenversicherung, Alten- und Pflegeeinrichtungen übernehmen bei uns die Aufgaben, die in nicht modernisierten Ländern vom Familienverband getragen werden.

Wir stellen also fest, dass das verbesserte Bildungssystem und der damit einhergehende größere Wohlstand sowie die Entwicklung moderner Städte es uns erst ermöglicht haben, Kindern gegenüber eine andere Einstellung zu wählen.

Der Unterschied zwischen Agrar- und Industriestaaten ist offenkundig:

In Gesellschaften, in denen die Eltern ihre Altersversorgung direkt über die Kinder ableiten, ist es sehr wichtig, besonders viele Kinder zu bekommen. Meistens müssen die männlichen Nachkommen aufgrund gesellschaftlicher Normen und Gesetze für ihre Eltern sorgen – die weiblichen Nachkommen müssen, mit einer entsprechenden Mitgift versehen, verheiratet werden und wiederum den Haushalt des Ehemannes versorgen.

In den industrialisierten Gesellschaften hingegen haben diese Funktionen die sozialstaatlichen Einrichtungen übernommen: Kinder dienen nicht mehr der direkten Altersversorgung.

Dementsprechend hat sich in den modernen Gesellschaften auch die Perspektive auf die eigenen Kinder verändert: Menschen möchten sich durch ihre Kinder selbst verwirklichen, sie möchten sie aufwachsen sehen, beobachten, wie sie sich entwickeln, und sich ihnen emotional zuwenden.

Um diese persönlichen und eher emotionalen Ziele zu erreichen, muss man nicht mehr als ein oder zwei Kinder bekommen. Dabei ist es mittlerweile irrelevant, ob es sich um Jungen oder Mädchen handelt. Das ändert jedoch nichts daran, dass Mädchen und Jungen auch in unseren modernen Industriegesellschaften unterschiedlich erzogen werden. Wie wir noch sehen werden, bilden sie verschiedene Geschlechtsrollenidentitäten aus und sind unterschiedlichen Vorurteilen ausgesetzt.

Zurück zu Deutschland: Im Gegensatz zu fehlenden Erkenntnissen über Geschwister ist die Forschung zum Geburtenrückgang relativ weit fortgeschritten, so dass wir im Folgenden versuchen, daraus einige Ergebnisse abzuleiten.

Die Tatsache, dass ein Paar eine Familie gründet, wie viele Kinder es bekommt, ob die letztlich realisierte Kinderzahl dem eigenen Wunsch entspricht und ob das wiederum dem gesellschaftlichen Ideal entspricht, begründen die folgenden sozialwissenschaftlichen Studien mit strukturellen Aspekten, die wir uns angesehen haben.

Den Funktionswandel von Kindern haben wir bereits beschrieben, darüber hinaus führen die Untersuchungen auch konkrete normative Barrieren auf, die der Verwirklichung einer (größeren) Familie entgegenstehen. So engagieren sich kinderlose Frauen oft stark in ihrem Beruf und fürchten die Probleme, mit denen sie die Verbindung von Beruf und Familie konfrontiert. Nach wie vor fehlen Infrastruktureinrichtungen wie etwa Krippen, Kindergärten, Ganztagsschulen und Horte, während die traditionellen familialen Leitbilder beziehungsweise die traditionellen Mutterbilder weiter konserviert werden. Viele schieben daher die Verwirklichung ihres Kinderwunsches zeitlich immer weiter hinaus – in der Hoffnung, dieses Problem irgendwann besser lösen zu können, bis es für Kinder häufig zu spät ist.[60]

Ein weiterer Grund, der zahlreich belegt wird, ist beispielsweise die große Bedeutung, die dem sozialen Status der Herkunftsfamilie, ihrer Religionszugehörigkeit und auch regionalen Herkunft beigemessen wird, oder wie viel Geschwister man selbst hat.[61]

Darüber hinaus spielen selbstverständlich auch individuelle Motive für die Realisierung des Kinderwunsches eine große Rolle. Die Zahl der Kinder eines Paares hängt nämlich nicht zuletzt auch vom Verhütungsverhalten ab sowie von der Art der Paarbeziehung und der grundsätzlichen Einstellung gegenüber Schwangerschaft.

Dabei scheint die eigene Geschwisterkonstellation großen Einfluss auf die Wahl der eigenen Familienform zu haben, denn es ist bewiesen, dass Frauen, die als Einzelkind aufgewachsen sind, häufiger kinderlos bleiben als Frauen mit Geschwistern.[62] Dennoch ist die von den Meisten persönlich als ideal angesehene Kinderzahl niedriger als die Größe, die die Gesellschaft als Ideal erachtet: Frauen zwischen 20 und 34 Jahre in Deutschland wünschen sich im Durchschnitt nur 1,7 Kinder – damit handelt es sich um den niedrigsten Wert in Europa.[63]

Geschwisterbeziehungen im Lebensverlauf

Beziehungen verändern sich, auch die in der Familie. Kleine Kinder verbringen die meiste Zeit mit ihrer Mutter, später kommen dann schon die Geschwister, gefolgt vom Vater und schließlich die Gruppe der Gleichaltrigen, wie die neueste Studie aus dem Deutschen Jugendinstitut belegt.[64] Diese Rangfolge ist nicht statisch, die Gleichaltrigengruppe holt mit wachsender Entwicklung und Selbstständigkeit auf und spätestens bei der Einschulung hat sie den Vater an Popularität überholt. Beide – Freunde und Geschwister – werden so zu den wichtigsten Bezugspunkten und beanspruchen die meiste Zeit. Ebenso ist empirisch bewiesen, dass sich kleine Kinder mit Geschwistern des eigenen Geschlechts besser verstehen als mit gegengeschlechtlichen Geschwistern, was auf die Herausbildung der Geschlechterrollenidentität zurückzuführen ist. Mehr dazu im folgenden Kapitel.

Schwestern bauen im Laufe ihrer Kindheit eine Beziehung zueinander auf, die sich im Erwachsenenalter unterschiedlich gestaltet: Für manche ist die Beziehung zur Schwester unverändert, einige bemerken eine deutliche Akzentverschiebung in der Qualität der Beziehung. Wieder andere haben sich erst selbst entwickeln können durch eine räumliche Trennung von ihrer Schwester oder durch einen vollständigen Kontaktabbruch.

Die Grundlage für den Verlauf einer Beziehung bilden das Elternhaus und die Herkunftsfamilie – als Kind verinnerlicht man die familialen Werte und Normen und versucht ihnen im Erwachsenenalter gerecht zu werden und einen eigenen Weg zu finden. Im Alter beruft man sich dann in der Regel auf die Werte der eigenen Herkunftsfamilie – so eine weit verbreitete Meinung über Familienbeziehungen. Doch trifft das auch auf die Schwesternbeziehungen zu?

Um diese Annahme zu überprüfen, haben wir neben vielen Gesprächen, die wir mit Schwestern geführt haben, einen zusätzlichen Kurzfragebogen entwickelt. Im Spätsommer 2005 verschickten wir ihn an Frauen unterschiedlichen Alters und mit verschiedenen Bildungshorizonten. Sie alle gaben uns Auskunft über die Beziehung zu ihrer Schwester, zu positiven oder negativen Erlebnissen sowie zu einigen verbreiteten Vorurteilen Schwestern gegenüber und skizzierten ihr Idealbild einer gelungenen Schwesternbeziehung.

6
Die Schwestern-Studie

Wen haben wir interviewt?

Insgesamt haben 101 Frauen den Kurzfragebogen ausgefüllt. Die älteste war 86, die jüngste 19 Jahre alt. 74% dieser Frauen haben nur eine Schwester, 22% haben zwei Schwestern, drei (3%) haben drei Schwestern, eine sogar vier (1%).

Die Konstellation in der Geschwisterrangfolge verteilte sich wie folgt:

32,3% der Befragten waren die älteste Schwester in der Familie, die Rolle der jüngsten Schwester hatten insgesamt 44,4% der Frauen und immerhin 21,2%, also 17 Befragte, nahmen die mittlere Position ein. Unter ihnen befanden sich außerdem zwei Zwillingspaare. Insgesamt hatten 45 der Befragten (44%) neben ihrer Schwester auch noch mindestens einen Bruder.

Lediglich neun Frauen (8,9%) im erwerbsfähigen Alter sind nicht berufstätig – sie haben sich aus Gründen der Kindererziehung für den Beruf der Hausfrau entschieden. Zweiundzwanzig Befragte (21,8%) befanden sich zum Zeitpunkt der Umfrage bereits im Rentenalter und acht Frauen (7,9%) waren noch in der Ausbildung. Bezüglich der Bildung waren alle Arten von Abschlüssen gleichmäßig vertreten.

Auch bei dem Familienstand und bei der Wohnform zeigten die von uns befragten Schwestern erwartungsgemäß keine Besonderheiten: Die Hälfte unserer Befragten war verheiratet und lebte mit dem Partner zusammen, einige war ledig und lebten allein. Zwei der befragten Frauen lebten mit ihrer

Schwester in einer gemeinsamen Wohnung am Studienort, zwei weitere noch bei ihren Eltern.

Bei Geschwistern verhält es sich anders als bei Freunden, denn von ihnen kann man sich nicht trennen: Man kann sich seinen Bruder oder seine Schwester nicht aussuchen und verbringt mit ihnen das gesamte Leben. Man lebt mit ihnen länger als mit den eigenen Eltern und oft auch länger als mit dem eigenen Lebenspartner oder den eigenen Kindern. Ähnliche Werte und Normen, die gemeinsame Erziehung im Elternhaus, vielfach ähnliche Erfahrungen begleiten die Geschwister ihr Leben lang und überdauern auch den Tod der eigenen Eltern. Dieses ist ein Grund, weshalb im Rahmen der Erziehung großer Wert darauf gelegt wird, dass Geschwister möglichst harmonisch miteinander umgehen. Dieses gilt nicht nur für gemischtgeschlechtliche Geschwister, sondern in besonderem Maße für Schwesternbeziehungen. So ist Susanne, 45 Jahre alt, eine jüngere Schwester, ein Bruder, überzeugt, dass Schwestern sich fürsorglich umeinander kümmern und gemeinsam Probleme bewältigen sollten: „Vor acht Jahren, bei der Trennung von meinem Mann, hat mir meine Schwester sehr geholfen. Sie hat mir mit Rat und Tat zur Seite gestanden und hat sich auch um meine Kinder gekümmert ... meine Eltern habe ich schon im Kindergartenalter verloren."

Dabei hat die Tatsache, eine Schwester oder einen Bruder zu haben, in den einzelnen Lebensphasen eine unterschiedliche Bedeutung. So gehen kleine Kinder ganz anders miteinander um als Erwachsene, ebenso jüngere Geschwister anders als ältere.

„Ich habe sie gehasst und geliebt" – Streit und Versöhnung

Während Schwestern im Kindesalter um die Gunst der Eltern konkurrierten beziehungsweise sich das eine Geschwister gegenüber dem anderen durch die Mutter zurückgesetzt fühlte, haben einige der befragten Frauen diese Art von Konflikt im Laufe ihres Lebens austragen können und mit steigendem Alter ein positives Verhältnis zu ihrer Schwester aufgebaut. Anderen ist dies nicht gelungen und sie trennt eine emotionale Grenze. Da Kindheitserinnerungen stets am tiefsten und dauerhaftesten in unserem Gedächtnis verankert sind, griffen zahlreiche Interviewpartnerinnen auf frühe Eindrücke aus dem Zusammenleben mit ihrer Schwester zurück.

Erzählungen von jüngeren Schwestern, die sich im Kindesalter mit ihren Schwestern stritten, zeigen eine erfolgreiche Bewältigung von Konflikten – manche mit, andere ohne die Unterstützung der Eltern.

So berichtet zum Beispiel Anna, 29 Jahre alt, zwei jüngere sowie eine ältere Schwester, von einem ihr unvergesslichen negativen Erlebnis aus ihrer Kindheit: „Als Achtjährige habe ich meiner Schwester einen Stein an den Kopf geworfen. Sie bekam eine dicke Beule. Ich machte mir schwere Vorwürfe und Sorgen." Obwohl diese weit zurückliegende Episode im Erwachsenenalter noch als negativ erinnert wird, fehlt Anna die Schwester hauptsächlich in geselligen Situationen, „... um Schönes miteinander zu unternehmen – zum Kaffeetrinken, Quatschen und Bummeln."

Und Julia, ebenfalls 29 Jahre alt, eine ältere Schwester, erinnert sich:

„... es war kurz vor Ostern. Sie sang Weihnachtslieder, was mich rasend machte. Und genau das wollte sie auch ... Mein Vater hörte das Geschrei, befand mich schuldig und gab mir eine Ohrfeige!" Und auf die Frage, wie das Verhältnis heute zu bewerten ist: „Sie fehlt mir, wenn ich mich einsam fühle und in Gesprächen über unsere ‚schrecklichen' Eltern."

Sophie, 19 Jahre alt, eine jüngere Schwester, bringt diese Art von Verbundenheit treffend auf den Punkt: „Wir haben Zoff und Nettigkeiten am laufenden Band – sie fehlt mir immer dann, wenn sie nicht da ist. Wir reden oft miteinander."

Selbstverständlich muss sich eine frühere Zwistigkeit nicht immer in Harmonie auflösen. Oft sind die Verletzungen aus der Kindheit zu stark verankert, so dass beide Frauen im Erwachsenenalter auch kein befriedigendes Verhältnis zueinander aufbauen konnten. Elisabeth und Dagmar sind ein Beispiel dafür.

Elisabeth ist 47 Jahre alt und hat eine ältere Schwester sowie drei Brüder. Sie erzählt: „Meine Schwester erklärte mir unter Tränen, dass sie mich oft als Rivalin gesehen hätte, sehr darunter gelitten hätte, dass sie neben mir – der ‚Besonderen' – wenig beachtet worden sei. Das war mir nie bewusst und hat mich schwer erschüttert. Ich war mir meiner Rolle nie bewusst, habe nur manchmal in einzelnen Situationen Eifersucht oder Ähnliches vermutet, das selbst aber nie so verspürt. Die ganze Situation war befremdlich und traurig", sie vermutet weiterhin, „vielleicht bekam ich mehr Beachtung von meinen Eltern ... meine Schwester fehlt mir, wenn ich spontan eine intelligente Frau zum Ausgehen bräuchte; wenn ich Kummer habe; wir würden uns in Alltagsengpässen gut gegenseitig helfen können – Kinder, Fahrten ..."

Von Dagmar, 43 Jahre alt, eine jüngere Schwester und ein Bruder, erfahren wir Ähnliches: „Ich habe als ungefähr Achtjährige mit Freundinnen lange Spaziergänge gemacht und musste meine kleine Schwester dabei immer mitnehmen. Die musste vorher auf den Topf und so lange darauf sitzen bleiben, bis sie fertig war. Alle mussten warten. Mir war das peinlich und unangenehm ... Meine Mutter setzte mich unter Druck: ‚Entweder nimmst du deine Schwester mit oder du bleibst auch hier!'"

Dieses Schwesternverhältnis erscheint konfliktbeladen, weil von der Mutter Druck ausging (auch wenn nicht direkt angesprochen wird, warum die Mutter so stark auf dem Gehorsam Dagmars besteht). Die Tochter wird ihrerseits in eine Fürsorgepflicht genommen und reagiert mit Ablehnung. Dagmar gibt zu, dass ihre Schwester ihr nicht fehlt, dass sie aber ein Bindeglied zur Mutter geblieben ist: „Ich ‚brauche' sie, um den Kontakt zu meiner Mutter aufrechtzuerhalten – sie ist oftmals die Vermittlerin und dies ist sie schon seit meinem achtzehnten oder neunzehnten Lebensjahr."

Bei Maria, 74 Jahre alt, eine ältere Schwester, zwei Brüder, sieht das Schwesternverhältnis wiederum ganz anders aus. Die positive Beziehung zu ihrer Schwester ist erst im Laufe des Lebens gewachsen. Negative Eindrücke aus der Kindheit hat sie mit zunehmendem Alter neu eingeordnet und aufgrund der eigenen Reife auch anders bewertet.

„Ich habe sie gehasst und geliebt; sie war neun Jahre älter und krank. Sie konnte erst sehr viel später geheilt werden. Sie wurde zu einem sehr begehrten, hilfsbereiten Menschen, starb mit 80 und ich hätte ihr viel abzubitten! ... Unser Vater starb, als ich sechs war. Unsere Mutter, deren größte Sorge ihre kranke Tochter fast zeitlebens war, wurde von ihr nach der Heilung bis zu ihrem Tode fürsorglich und wunderbar gepflegt ... Ich brauchte sie nie, im Gegenteil, unser aller Leben war schwer durch sie und prägte uns!!! Erst als wir beide allein und alt waren, ersehnten wir einander – und nun vermisse ich sie sehr. Sehr!"

„Ich wollte es nicht so machen wie sie!" – Konkurrenzsituationen

Befriedigende, wissenschaftlich bestätigte Erkenntnisse über Rivalitäts- oder Zwistgefühle – den „Zickenstreit" – gab es bislang noch nicht, so dass man sich auf Vermutungen für eine Erklärung stützen muss. Michael Karle u.a.[65] nehmen beispielsweise an, dass das mütterliche Erziehungsverhalten eine der Ursachen ist, und glauben, dass dessen Auswirkungen auf die Geschwisterbeziehung an sich immens sind. Sie sind auch der Ansicht, dass das eigene Lebensalter im Zusammenhang mit dem der Schwester oder dem des Bruders gesehen werden muss. Das heißt, dass sich das Kind mit Beginn der Pubertät nicht nur von den Eltern, sondern auch von den Geschwistern lösen muss. Die Rivalität zwischen den Geschwistern ist umso größer, je geringer ihr Altersabstand ist. Die Schilderung Nicolas, 43 Jahre alt, eine Zwillingsschwester, veranschaulicht diesen Umstand sehr schön: „Wir trennten uns vor acht Jahren räumlich voneinander und zogen in verschiedene Städte. Das war sehr gut! Ich brauche meine Schwester nicht und sie fehlt mir nicht." Es scheint, als habe sie sich von ihrer Schwester sehr dominiert gefühlt. Als Zwillinge wurden beide – so lässt sich vermuten – zu ähnlichem Verhalten gedrängt. Das ging so weit, dass dies Nicolas Studienfachwahl stark beeinflusst hat: „Ich hatte zunächst dasselbe studiert wie sie, was ein Fehler war ... Schwestern sollten sich als eigenständige Persönlichkeiten betrachten und getrennt leben. Auf keinen Fall einen zu engen Kontakt pflegen. Und sich nicht in das Leben der anderen einmischen!"

Auch Inge, 65 Jahre alt, eine ältere sowie eine jüngere Schwester, hat sich distanziert: „Der vollständige Break jeglicher Kontakte zu meiner Schwester vor ein paar Jahren tut mir sehr gut. Ich bin ruhiger geworden, habe keine Angst, meine

Contenance zu verlieren. Ich sehe das Bild mit ihren aufgeklappten Messern nur noch aus der Ferne. Sie soll ihr Leben leben. Ich lebe meines ... Ich bemühe mich, ihr alles Gute auf ihrem Lebensweg zu wünschen."

Über die Gründe für Rivalität lässt sich oft nur spekulieren. Einer mag die Unfreiwilligkeit der verwandtschaftlichen Beziehung sein, ein anderer das Gefühl der Benachteiligung durch ein Elternteil (oder beide), ein weiterer die Nachrangigkeit der Geschwisterbeziehung nach dem Elternsystem. Das bedeutet, an der Rangfolge in der Familie kann der oder die Einzelne nichts ändern: Zuerst kommen die Eltern, dann die Geschwister in der Reihenfolge ihrer Geburt. Ebenso liegt es nicht in ihrem eigenen Ermessen, ob Kinder als Schwester oder Bruder in einer Geschwisterbeziehung aufwachsen. Das bedeutet, dass sie es sich nicht selbst aussuchen können, erstens ob sie Geschwister haben werden, zweitens welches Geschlecht das Geschwister hat und drittens ob das Geschwister älter oder jünger als sie selbst ist. Sie sind in diesem Bereich absolut und wie in keinem anderen Bereich der familiären Entwicklung auf das alleinige Verhalten ihrer Eltern angewiesen. Geschwister bilden so „Zwangsgemeinschaften", die wiederum Konsequenzen für ihre individuelle Entwicklung haben.

Ein wichtiges Thema im Geschwisterverhältnis sind die Kämpfe um die familialen Ressourcen. Im Kindesalter sind dabei vorwiegend Raum, Gegenstände, Aufmerksamkeit, Zuneigung oder Zeit der Eltern gemeint, im Erwachsenenalter beispielsweise Erbschaften, wie bei Theresa, 72 Jahre alt, eine jüngere Schwester, ein Bruder: „Seit ungefähr zwei Jahren habe ich immer mal wieder einen heftigen Streit mit meiner Schwester. Sie ist neidisch auf eine Erbschaft meines Mannes – wohl, weil sie selbst mittellos und verwitwet ist."

Im Gegensatz zu Theresa, die mit ihrem Mann eine Allianz gegen die Schwester eingegangen ist, berichtet Martina, 38

Jahre alt, eine ältere Schwester, von schwesterlicher Solidarität: „Im Zusammenhang mit einer Erbschaftsangelegenheit hat sich meine Schwester sehr fair verhalten, obwohl ihr Mann versuchte, sie dazu zu drängen, dass sie auf einem größeren Anteil besteht, dessen Auszahlung mich aber ruiniert hätte."

„Schließlich sind wir Schwestern!" – Enge Bindung garantiert?

Wenn Kinder mit weniger Geschwistern in kleineren Familien aufwachsen, können sie natürlich eine exklusivere Bindung zu dem Bruder oder der Schwester aufbauen, als es in größeren Geschwistergruppen möglich ist. Rita ist 50 Jahre alt und hat zwei jüngere Schwestern. Die konfliktbehaftete Beziehung zu ihrer Schwester hat sich während eines Wellness-Urlaubs vor einigen Jahren in einem heftigen Streit entladen. Obwohl die Mutter versuchte zu vermitteln, blieb die Beziehung monatelang belastet. Mittlerweile haben die beiden Schwestern sich versöhnen können. Rita meint dazu: „Ich brauch' sie bei schlechter Stimmung oder wenn ich krank bin. Sie fehlt mir, wenn ich sie ein paar Tage nicht gesehen habe ... Sie war mir immer ein Vorbild in beruflichem Engagement und Kompetenz."

Ulrike, 27 Jahre alt, eine jüngere Schwester, kommentiert die Scheidung ihrer Eltern vor ein paar Jahren mit einem Zusammenrücken mit ihrer Schwester: „Als meine Eltern sich scheiden ließen, rückten wir beiden Schwestern näher aneinander. Die Eltern waren zu sehr mit sich selbst beschäftigt ..." Es entsteht der Eindruck, die Schwestern hätten durch diese Stresssituation aneinander Halt gefunden und ihre Beziehung durch dieses Familienereignis festigen können.

„Nach außen sind wir eine Einheit ..." – Familienfeste und Erbschaftsangelegenheiten

Das Erziehungsverhalten von Eltern hat sich geändert. Während noch bis zur Mitte des letzten Jahrhunderts der elterliche Erziehungsstil autoritär geprägt war, kennzeichnet heute ein Verhandlungsstil die Erziehung. Kinder genießen heute eher die uneingeschränkte Zuwendung der Eltern, weil sie die Aufmerksamkeit mit durchschnittlich einem Geschwister teilen müssen. Eltern und Kinder nähern sich durch Diskussionen ihren gegenseitigen Interessen – es liegt in der Natur der Sache, dass sie hierbei nicht immer einer Meinung sind. Da macht sich dann die Beziehung zum Geschwister bemerkbar und man kann gegen die Eltern Allianzen bilden. Auch die Wertevermittlung ist in kleinen Gruppen deutlich effektiver.[66]

An der Aufrechthaltung zum Beispiel von Familientraditionen erkennt man sehr gut, wie die familialen Werte weitergegeben werden. Margarete, 67 Jahre, eine ältere und eine jüngere Schwester, beschreibt eine hierfür typische Situation: „Die Organisation von Familienfesten machen wir immer gemeinsam – Artikel schreiben, Sketche erfinden, Spiele organisieren. Unser Vater wünschte sich immer solche Feste, die immer schwierig waren zu organisieren, da wir in verschiedenen Ländern wohnten. Nach seinem Tod führten wir diese Tradition fort."

Rollen und das Verhältnis zueinander

Die Situation unter Geschwistern ist für die Rollenbilder im Erwachsenenalter überaus bedeutsam. Geschwistern wird nämlich nachgesagt, sie würden weitaus mehr Unterschiede als Ähnlichkeiten aufweisen – sowohl im kognitiven als auch im persönlichen Bereich. Die Ursachen dieser Differenzen sind verschiedene innerfamiliale Bindungen, die von den einzelnen Kindern unterschiedlich erlebt und verarbeitet werden. Eltern beobachten zum Beispiel nach der Geburt des zweiten Kindes negative Verhaltensveränderungen beim ersten Kind, wie etwa Schlafprobleme, Rückzugsverhalten, Weinerlichkeit, Anklammern, Trotz usw. Diese Entthronung und Eifersucht muss erst einmal verkraftet werden. Und das Kind muss seine Rolle als ältere Schwester oder älterer Bruder langsam erlernen, wie Elisabeth Schlemmer in ihren Studien nachweist.[67]

Bank und Kahn[68] weisen darauf hin, dass gerade Geschwister, denen es an elterlicher Zuwendung mangelte, eine besonders enge Beziehung und tief greifende wechselseitige Loyalität ausbilden. Neid, Konkurrenz und Rivalitäten um die Zuneigung der Eltern – so wissen wir aus der psychologischen Forschung – können eine Beziehung auch sehr negativ beeinflussen. Geschwistergemeinschaften müssen deshalb individuell ausbalanciert und empfunden werden und haben dadurch einen unterschiedlichen Einfluss auf den Entwicklungsprozess im Lebenslauf.

Andrea, 30 Jahre, zwei ältere Schwestern, ein Bruder, berichtet:

„Die Hochzeit meiner Schwester war für mich ein sehr positives Erlebnis. Besonders freute es mich, dass ich zusammen mit meiner zweiten Schwester die Fürbitten vorlesen durfte. Unsere Eltern waren an diesem Tag sehr stolz und glücklich!" Hier zeigen sich zwei Tendenzen. Ältere Schwestern haben oftmals im Laufe ihres Lebens eine tiefere Bindung zu ihren Schwestern aufgebaut; bei jüngeren Schwestern ist das Zusammengehörigkeitsgefühl noch nicht so ausgeprägt und häufig überwiegt Indifferenz, weil die Beziehung noch nicht auf eine Probe gestellt worden ist. Paradigmatisch ist die Antwort von Mareike, 27 Jahre alt, eine Zwillingsschwester, auf die Frage nach einem denkwürdigen Erlebnis mit ihrer Schwester: „Ich hatte eine leere Auflaufform in den Flur gestellt, um sie jemandem zurückzugeben. Als derjenige kam, hatte meine Schwester ihre Socken in die Form geschmissen."

Die Antworten älterer Schwestern auf diese Frage sind von anderer Qualität, weil sie eine andere, tiefere Art von Bindung entwickeln konnten. Ihre Beziehung ist gefestigter und setzt auf andere Beziehungswerte, wie uns Hannas Antwort, 61 Jahre alt, zwei jüngere Schwestern, zeigt: „Wir flüchteten nach dem Mauerbau gemeinsam aus der DDR nach Berlin und kamen in ein Flüchtlingslager. Das war ein großes Durcheinander, aber wir hatten nur einander und bildeten eine Einheit."

Konnte sich die Schwesternbeziehung aber im Laufe ihres Lebens nicht positiv entwickeln, dann korrigieren die Befragten niemals ihre Ideale! Gisela und Maria beschreiben diesen Widerspruch am Beispiel ihrer Töchter. Gisela, 65 Jahre alt, eine jüngere Schwester sowie drei Brüder, erzählt: „Sie sind sehr unterschiedlich, hatten als Kind ein gehöriges Quäntchen an Machtkämpfen zu bestehen und sind sich heute sehr, sehr wichtig. Sie haben akzeptiert, dass jede ihren eigenen Lebensentwurf hat und dem nachstrebt, und sie unterstützen sich dabei." Und Maria, 74 Jahre alt, eine ältere Schwester und zwei Brüder, beobachtet Folgendes:

„Meine Töchter sind konträr! Sie treffen sich selten und freuen sich und jede wundert sich über das Denken und Handeln, Reden und Sein der anderen und sagt dann: ... sie ist halt so, die Claudia, – die Cornelia. Sie werden sich auch erst später verstehen und lieben ... Das Wort brüderlich ist verlogen und müsste aus dem kirchlichen Wortschatz gestrichen werden, sagte mir mal ein evangelischer Jungpriester, der selbst vier Brüder hatte. Eifersucht und Neid begleitet sie, bis sie ihre innere Zufriedenheit gefunden haben. Bei Schwestern ist es dasselbe."

Und wieder einmal zeigt sich, dass die Vorstellung von Schwestern von dem bereits viel zitierten Harmoniegebot beherrscht wird. Hartnäckig hält sich das zähe Stereotyp, dass sich früher oder später Harmonie einstellen würde. Demnach ist es erstrebenswert und es lohnt sich im Laufe des Lebens, auch über Phasen des Streits hinweg zueinander zu halten. Dies gelingt leider nicht allen Schwesternpaaren, wie wir bereits erfahren haben.

Geschlechterrollenidentitäten und Geschlechterrollenstereotype

Schwestern wie Mutter und Tochter? Die Entwicklung der Geschlechterrollenidentität in den Lebensphasen

Aus den Interviewauszügen der vorangegangenen Kapitel ist ersichtlich, dass ganz klare gesellschaftliche Vorstellungen den schwesterlichen Umgang prägen. Schwestern benehmen sich eben nicht wie Brüder – sie haben nicht nur die Rolle des Geschwisters zu spielen, sondern vor allem auch die Rolle einer fürsorglichen Frau.

Simone de Beauvoir schrieb schon 1949 in *Das andere Geschlecht*: „Man wird nicht als Frau geboren, man wird dazu gemacht." Wir haben oben gesehen, inwieweit sich Kinder und Jugendliche in ihren Geschlechterrollen entwickeln. Einen starken Einfluss auf diese Entwicklung haben natürlich nicht nur die Spiel- und/oder Klassenkameraden, sondern gerade auch die Familienmitglieder.

Nancy Chodorow, eine bekannte amerikanische feministische Psychologin, hat untersucht, wie Mädchen im Gegensatz zu Jungen in unserer Gesellschaft in die bemutternde Rolle hinein erzogen werden.[69] Ihrer Ansicht nach produzieren Frauen dieses Verhalten in jeder Generation bewusst neu. Weiter sagt sie, dass die besondere Mutter-Tochter-Beziehung speziell die Fähigkeiten von Töchtern fördern würde, andere zu pflegen und gerne für andere zu sorgen. Außerdem sei das Bemuttern eine besondere Form des Rollentrainings, wobei Chodorow ihre Position sehr stark an der psychoanalytischen Theorie Sigmund Freuds ausrichtet.

Als älteste Tochter kann man dieses Verhalten natürlich besonders gut an den eigenen Geschwistern „trainieren". Durch das Zusammensein mit dem Bruder oder der Schwester sammeln Kinder nämlich weitaus mehr Erfahrungen als Einzelkinder. Sowohl in der Zusammenarbeit wie auch in Konflikten, im Aus- und Verhandeln lernen sie außerdem, sich gegenüber ihren Geschwistern und den Eltern zu behaupten. Sie lernen mit Ungleichheiten umzugehen, die meistens auf ihrer unterschiedlichen Körpergröße und dem unterschiedlichen Erfahrungsschatz basieren – ebenfalls sind die Toleranzgrenzen der einzelnen Familienmitglieder verschieden. Nicht nur ihr Temperament, sondern gerade ihre Stellung in der Geschwisterrangfolge führt auch zu unterschiedlichen Reaktionen der Eltern. So verbringen Mütter zwangsläufig oft mehr Zeit mit dem Erstgeborenen als mit später Geborenen. Dieses Muster wirkt sich natürlich auf die Erfahrungen der Geschwister aus.

Amerikanischen Studien zufolge fordern jüngere Geschwister auch häufiger Hilfe, Trost oder Zuwendung von älteren Schwestern ein. Diese Erkenntnis bestätigt eine Studie, die Elisabeth Schlemmer an deutschen Schülerinnen und Schülern durchgeführt hat.[70]

Unsere Interviews belegen die gegenseitige Unterstützung, das Kümmern der Geschwister umeinander. Annegret, 48

Jahre alt, eine ältere sowie eine jüngere Schwester, freut sich beispielsweise sehr darüber, dass ihre ältere Schwester ihr Studium finanziell unterstützt hat, und Janine, 25 Jahre alt, zwei ältere Schwestern, sagt: „Sie hat zu mir gehalten und mir ihre Hilfe angeboten, obwohl sich einige Leute gegen mich gestellt haben."

Wie wir an anderer Stelle bereits ausgeführt haben, werden oftmals auch Konkurrenzgefühle durch die Geburt von Geschwistern bei den Erstgeborenen hervorgerufen – in der Schule zeigt sich dieses dann zum Beispiel durch eine gewissenhafte Arbeitsweise und durch bessere schulische Leistungen. Die Zweitgeborenen müssen wiederum lernen, sich gegenüber dem älteren Geschwister zu behaupten, sich an ihm oder ihr sozusagen vorbeizuarbeiten. Weil die Eltern ihre Zeit zwischen den Kindern aufteilen müssen und naturgemäß weniger Zeit für ihr Zweitgeborenes haben, wird diesen ein entspannteres Verhältnis zu anderen Menschen attestiert. So erlernen sie diplomatische Umgangsformen und Verhandlungsgeschick leichter als ihre älteren Geschwister. Die älteren wiederum können oft nicht akzeptieren, dass das jüngere Geschwister sich anders entwickelt, wie die folgende Passage aus dem Interview mit Gabriele, 36 Jahre alt, zwei ältere Schwestern, zeigt: „Meine Schwester und ich haben lange telefoniert. Sie berichtete über Eheprobleme und ich versuchte zu helfen. Sie bedankte sich zwar am Ende des Gesprächs, sagte aber noch: ‚Du kannst mir nicht helfen, da du in diesem Bereich keine Erfahrung hast.' Wieder einmal war ich die kleine Schwester!" Für einen kurzen Augenblick hat die jüngere Gabriele das Gefühl, erwachsen und anerkannt zu werden, bis die ältere Schwester sie bitter enttäuscht und wieder eine Schranke zwischen ihnen herunterlässt. Indem die Ältere ihre jeweiligen Lebensformen miteinander vergleicht und die eigene letztendlich als Maßstab nimmt, vermittelt sie der Jüngeren eine unerreichbare Ferne und verletzt die Beziehung zutiefst.

Doch es stellt sich die Frage, warum Schwestern, unabhängig davon, ob sie die Position der Ältesten, die der Jüngsten oder der Mittleren besetzen, in solch strikte hierarchische Denkmuster verfallen. Welche Antwort gibt uns hier die Forschung?

Antworten der Wissenschaft

Eine Erklärung für diese starke emotionale Zugehörigkeit oder auch Abgrenzung zur eigenen Schwester könnte in der unterschiedlichen Entwicklung von Jungen und Mädchen in der Kindheit liegen.

Wir nehmen an, dass Mädchen sich während der Pubertät von den gleichaltrigen Jungen abgrenzen wollen und müssen, weil sie erkennen, dass sie dem anderen biologischen Geschlecht angehören. Während die Identifikationsfigur bislang die Mutter gewesen ist, wird in der Pubertät bekanntermaßen die Gruppe der Gleichaltrigen immer wichtiger. Wenn es dann in derselben Familie noch eine Schwester gibt, liegt es nahe, sich mit dieser zu identifizieren und so Ähnlichkeiten und Unterschiede herauszufinden. Wie diese Abgrenzungsvorgänge vom anderen Geschlecht in der Pubertät vonstatten gehen, darauf gehen die folgenden Überlegungen ein.

Im alltäglichen Verhalten orientieren sich die Mädchen stärker an der Mutter als am Vater, worauf der Begründer der Psychoanalyse, Sigmund Freud, bereits Anfang des letzten Jahrhunderts hingewiesen hat.

Im Jahr 1940 hält die Lehrerin und Psychologin Maria Zillig in ihrem Buch *Psychologie des Jungmädchens* große Unterschiede im Verhalten von Jungen und Mädchen fest. Sie beobachtete bei Jungengruppen in der Pubertät, dass sie sich häufig „voll Abenteuerlust zu Indianerspielen, zu Bandenstreichen zusammenrotten" und nur manchmal gleichaltrige Mädchen mitspielen ließen. „Die meisten Mädchen lehnen das Zusammenspiel, zuweilen nicht ohne heimlichen Neid, ab. Das schon vom jüngeren Mädchen erlebte und betonte Anderssein als der Junge wird von jenen der Vorreifungszeit noch mehr hervorgehoben. [...] Im Allgemeinen beanstandeten die Mädchen Wildheit, Frechheit und Ungezogenheit des Jungen, seine mangelnde Eignung für die vielen Mädchen liebe Haushalt- und Nadelarbeit und betonten vereinzelt die härteren Formen seiner Erziehung." Und etwas später berichtet sie: „Den gleichaltrigen Jungen lehnt die Vierzehnjährige im Allgemeinen als Spielgefährten und Kameraden ab. Sie ist seelisch reifer als er und weiß dies auch. Bei Gelegenheit betont sie ihr Anderssein, nicht mehr in der primitiven Art der Zehnjährigen, die kein Junge sein möchte, weil Jungen ‚grob, wild, frech, unartig, böse, Streuner und Lausbuben' sind, sondern mit Ansätzen zu psychologischer Würdigung der eigenen Vorzüge."

Wenngleich sich auch die Spiele der Jungen bis heute verändert haben, ist es umso erstaunlicher, dass die wesentlichen Inhalte der Ausführungen von Zillig trotz der fast 70 Jahre, die dazwischen liegen, auf die heutige Zeit nahezu ausnahmslos zutreffen.

Wissenschaftlichen Studien zufolge haben sich in erster Linie die biologischen und physiologischen Vorgänge in der Entwicklung vom Kind zum Erwachsenen geändert. So hat sich der Eintritt der Geschlechtsreife in den letzten 40 Jahren etwa um zwei Jahre vorverlegt. Durchschnittlich hat sie sich bei Mädchen vom 15. Lebensjahr auf die Zeit um den 13. Geburtstag verschoben. Die Entwicklung sekundärer Geschlechtsmerkmale setzt schon deutlich früher ein. Sie kann bereits zwischen dem 9. und 10. Lebensjahr beginnen. Gleich geblieben ist ebenfalls, dass die körperliche Entwicklung bei Mädchen früher einsetzt als bei Jungen: Sie entwickeln sich im Schnitt etwa zwei Jahre früher. Allerdings ist die individuelle Variation sehr groß. Was das zum Beispiel für die Zusammensetzung von Schulklassen der Jahrgänge 5 bis 10 bedeutet, beschreibt Helmut Fend[71] sehr anschaulich. Zudem ist die Ähnlichkeit mit den Schilderungen Maria Zilligs aus dem Jahr 1940 offenkundig: „Vom äußeren Erscheinungsbild machen diese Jahrgänge manchmal einen grotesken Eindruck. ‚Erwachsene Frauen' sitzen zwischen kindlichen Jungen, groß gewachsene Männer bei knabenhaften Mädchen."

Insbesondere in den 6. und 7. Klassen wirken die Mädchen in der Regel deutlich älter als die Jungen. Sie nehmen sich auch selbst so wahr und betrachten ihre männlichen Klassenkameraden als die unreifen „Spielbubis", die als Gesprächspartner nicht interessant sind.

Die Jungen erkennen sehr wohl diese Haltung und reagieren darauf ihrerseits häufig mit betont aggressiver Abgrenzung von den „eingebildeten Weibern".

Mit anderen Worten: Es kann eine Menge Sprengstoff in der Art und Weise enthalten sein, wie Jungen und Mädchen mit dieser Situation umgehen. Die Polarisierung zwischen den Geschlechtern wird durch den unterschiedlichen Entwicklungsrhythmus einerseits befördert. Andererseits kratzt der skizzierte Entwicklungsvorsprung der Mädchen in der Regel empfindlich am männlichen Anspruch auf Überlegenheit.

Aus der Perspektive der Mädchen wird diese Phase im Vergleich zu den Jungen überhaupt nicht als stärkend wahrgenommen. Die Forschung zeigt eher das Gegenteil. So haben Mädchen in dem Alter ein niedrigeres Selbstwertgefühl, ein negativeres Bild ihres eigenen Körpers, können ihre eigenen

Emotionen seltener in den Griff bekommen und äußern deutlich häufiger als Jungen psychosomatische Probleme.

Der Pädagoge Helmut Fend hat diese geschlechtstypischen, unterschiedlichen Entwicklungen in einer Längsschnittstudie an Kindern von der 6. bis zur 10. Klassenstufe empirisch untersucht. Die Ergebnisse dieser Studie sind in ihrer Differenziertheit bereits veröffentlicht. Da seine Erkenntnisse für unser Anliegen von großem Nutzen sind, gehen wir im Folgenden ausführlich darauf ein.

Fend hat herausgefunden, dass die Pubertät bei Jungen und Mädchen vollkommen unterschiedlich verläuft und dass bei Mädchen ein stärkeres Interesse für das Soziale vorhanden ist. Er meint ebenfalls festgestellt zu haben, dass sie unter einer intensivierenden seelischen Labilität leiden und Probleme stärker als Jungen somatisierend, d.h. mit körperlichen Folgeerscheinungen, verarbeiten. Auch befassten sich Mädchen stärker als Jungen mit ihrem Aussehen. Die ansteigenden Zahlen von Körperwahrnehmungsstörungen und Essstörungen bei jungen Frauen scheinen diesen Sachverhalt zu bestätigen. Fend führt aus, dass „ihr Leiden in sozialen Beziehungen, ihre Gefühle der Einsamkeit intensiver sind – und dies auf einem Hintergrund größerer sozialer Interessen und eines größeren sozialen Verständnisses. Mädchen sind also in dieser Lebensphase sozialer und verständnisvoller als Jungen. Sie lesen mehr und sind kulturell interessierter."

Nach Fends Studie sind Jungen sehr viel stärker nach außen orientiert. So können sie ein stabileres Selbstvertrauen aufbauen und sind sich ihrer Kompetenzen früher bewusst. Dementsprechend werden Probleme hauptsächlich nach außen gewendet und äußern sich durch Aggressionen bis hin zu Leistungsverweigerung. „Ihre sozialen Verantwortungen liegen eher außerhalb des Hauses und ihr Interesse richtet sich stärker auf politische Ereignisse. Hier beginnen aber die Mädchen deutlich aufzuholen. [...] Im kulturellen Bereich richtet sich das Interesse von Jungen sehr stark auf unsere Industriekultur, auf Auto und Motorrad, auf Sport und Fußball. Sie sind stabiler in Cliquen eingebunden und gelten in Schulklassen mehr als Mädchen, sind also häufiger in Führungspositionen", so Fend. Das folgende Schaubild fasst die unterschiedliche Entwicklung von Jungen und Mädchen in der Pubertät noch einmal zusammen.

Pubertät 6.-10. Klasse

Mädchen:
- Steigende Innenwendung
- Interesse für andere
- Tagebuch / Tagträume
- Somatisieren häufiger
- Interesse für das Äußere
- Größere soziale Interessen
- Soziales Verständnis
- Lesen mehr
- Sind kulturell interessierter

Jungen:
- Probleme nach außen gewendet: Aggressionen, Leistungsdistanz
- Stabileres Selbstbewusstsein
- Größeres Kompetenzbewusstsein
- Soziale Verantwortung außerhalb
- Politisch interessierter
- Interessiert an Industriekultur (Autos, PC, Sport, Fußball)
- Eingebunden in Cliquen
- Führungspositionen

Wir finden also insgesamt ein Bild teils ähnlicher, überwiegend aber doch unterschiedlicher Entwicklungen bei Jungen und Mädchen. Alles in allem führt dies zu einer stärkeren Differenzierung zwischen den Geschlechtern. Diese Unterschiede werden nicht nur von Außenstehenden, sondern gerade auch von den Jugendlichen selbst bewusst wahrgenommen.

Wir stellen also fest, dass in dieser Lebensphase die geschlechtlichen Identitäten gefestigt werden. Sie bieten den

Heranwachsenden eine strukturierende Perspektive auf das Erwachsenenleben. Jugendliche können so ihre Erfahrungen, die Bewertung eigener Handlungen, Perspektiven und Wünsche sowie deren Bedeutung für sich selbst besser miteinander kombinieren. Wir schließen daraus, dass die Beobachtung der unmittelbaren Umgebung abhängig ist von der Geschlechtszugehörigkeit. Jungen sehen die Welt anders als Mädchen. In diesem „Geschlechterrollenblick" stecken die gesellschaftlich vorgegebenen Bilder von Weiblichkeit und Männlichkeit mit ganz unterschiedlichen Bewertungen, Problemen und Widersprüchlichkeiten.

Pubertät

ist DIE entscheidende Phase im Leben, in der die dem bestehenden Geschlechterverhältnis entsprechenden Orientierungs- und Verhaltensmuster deutlich hervortreten und sich herausbilden.

Mädchen beziehen Selbstbewusstsein stärker über ihre Attraktivität für Männer.

Jungen beziehen Selbstbewusstsein stärker über eigene Leistungen und über ihre Fähigkeiten.

Dies kann einer der Gründe sein, weshalb sich Geschwister lieber dem eigenen Geschlecht zuwenden, da die Identifikation mit dem gleichgeschlechtlichen Geschwister unterschwellig vonstatten geht und dadurch deutlich einfacher ist: Der Junge fühlt sich zum Vater und zum Bruder hingezogen, das Mädchen zur Mutter und zur Schwester. Diese Identifikation mit dem eigenen Geschlecht verstärkt sich noch in der Zeit des Heranwachsens.

Amerikanische Untersuchungen belegen, dass Unterschiede zwischen Jungen und Mädchen in dieser Entwicklungsphase noch deutlich stärker ausgeprägt sind als in der Kleinkindphase.[72] In diesem Alter zeigt sich sehr deutlich, dass Jungen aggressiver sind und ein starkes Dominanz- und Konkurrenzverhalten entwickelt haben. Im Gegensatz dazu sind bei Mädchen soziale Kompetenzen und Einfühlungsvermögen, also die Empathiefähigkeit, hervorragend. Deutsche Studien kommen übrigens zu denselben Ergebnissen, so dass ihre Gültigkeit für hiesige Verhältnisse vollkommen gewährleistet ist.

Fassen wir zusammen:
Die Pubertät ist die lebensgeschichtliche Phase, in der sich die dem gesellschaftlichen Verständnis von Geschlechterzugehörig entsprechenden Orientierungs- und Verhaltensmuster deutlich herausbilden. Als Grundtendenz zeichnet sich dabei ab, dass Mädchen, anders als Jungen, ihr Selbstbewusstsein in geringerem Maße als noch im Kindesalter über eigene Leistungen und Fähigkeiten beziehen können.

Dass Mädchen in der Pubertät ihr Selbstbewusstsein viel stärker über ihre Attraktivität aufbauen als Jungen, ist von der empirischen Forschung mittlerweile bestätigt. Anstatt nach vorne zu blicken und eigene Träume und Fantasien zu verwirklichen, richten sie ihre Perspektive auf die Beziehung zum Mann. Damit verschieben sich bei Mädchen selbstverständlich sowohl die inhaltlichen Interessen wie auch die Gewichtung eigener Fähigkeiten und Kompetenzen.

Verschiedene Wissenschaftsdisziplinen haben zudem herausgefunden, dass Mädchen lebensbestimmende Entscheidungen bereits in der Jugendphase treffen. Ein Beispiel dafür ist der Wunsch beziehungsweise der Plan, eine Familie zu gründen. Die Vorstellung der Mädchen davon zeichnet eine erstaunliche Realitätsnähe aus. So scheinen sich die Heranwachsenden der Schwierigkeit der Vereinbarkeit von Beruf und Familie bewusst zu sein; vielfach zieht dieses Bewusstsein eine entsprechende Berufswahl nach sich.

Margaret Hennig und Anne Jardim[73] haben eine Studie über die Erfahrungen von Frauen in Führungspositionen durchgeführt. Darin beschreiben viele der Befragten rückblickend ihre Erlebnisse während ihrer Schulzeit. Das Ergebnis dieser Erhebung liest sich wie folgt: „Für Mädchen, besonders für die leistungsorientierten, bringt die Pubertät oft eine traumatische Verschiebung in der Definition der Tüchtigkeit mit sich. [...] Erfolgreich ist das Mädchen, das am meisten begehrt wird. Für Jungen bleibt Tüchtigkeit, was sie immer gewesen ist: objektive Leistung, Erfolg bei dem, was man anpackt."

Die impliziten Botschaften, die damit Mädchen und Jungen hinsichtlich ihrer weiblichen beziehungsweise männlichen Identität auf den Weg gegeben werden, werden wesentlich von den jeweiligen Geschlechtsrollenstereotypen beeinflusst. Und obwohl sich die Bemühungen um die Gleichberechtigung der Geschlechter in den vergangenen Jahren zunehmend verstärkt haben, spiegelt auch die heutige Gesellschaft noch weitgehend die tradierten Geschlechtsrollenstereotype wider. Sie manifestieren sich deutlich in einer immer noch geschlechtertypischen Berufswahl und einer weitgehend an Traditionen festhaltenden Lebensplanung. Obwohl im Informatik- und IT-Bereich ein starker Fachkräftemangel herrscht, nutzen Frauen diese Marktlücke nicht – wie die Zahl der Studentinnen in diesen Bereichen zeigt. Die geringe Anzahl der Männer, die den Erziehungsurlaub wahrnehmen, lässt ebenfalls die tradierten Vorstellungen von Geschlechterrollen in aktuellen Lebensentwürfen erkennen.

Das birgt natürlich auch Konfliktpotenzial zwischen Schwestern. Obwohl der elterliche Einfluss durch ihre Erziehung auf die Geschlechterrollenentwicklung ihrer Töchter wahrscheinlich sehr ähnlich ist, fördert das soziale Umfeld häufig eine unterschiedliche Entwicklung der Schwestern. So kommt es, dass zwar ihre grundsätzliche Entwicklung auf denselben familialen Werten, Normen und Vorstellungen beruht, die individuelle Gestaltung des Lebens hingegen von der der Schwester massiv abweichen kann. Je nach Verhaltensstrategien der beiden Schwestern kann sich hier ein großes Konfliktpotenzial öffnen. Die Entscheidung einer Schwester gegen eine eigene Familie kann bei der anderen Tochter Unverständnis hervorrufen und möglicherweise führt dies dann zu einem Zerwürfnis. Viele Schwestern müssen dann erkennen – und das bestätigt auch unsere eigene Studie –, dass sie außer der Kindheit, die sie zusammen verbrachten, nicht mehr viel gemeinsam haben. Sie geraten dann in noch stärkere Konflikte, nämlich in Gewissenskonflikte. Sie befinden sich in einem Dilemma, denn einerseits haben sie dieselben Wurzeln, andererseits haben sie sich aber auseinander entwickelt. Diese Abweichung entspricht nicht gesellschaftlichen Erwartungen – „man ist halt Schwester und hat zusammenzuhalten", wie eine Interviewpartnerin treffend formuliert.

Geschlechterrollenstereotype

Wie wir zu Beginn unseres Buches festgestellt haben, gehen heutige Geschlechtsrollenstereotype auf eine historische Entwicklung zurück und sind kulturell bedingt. Um in jeder Generation zu wirken, müssen sie zunächst in individuelles Verhalten umgesetzt werden. Sie sind ein Schema, das festlegt, welche Aktivitäten für Mädchen und Frauen beziehungsweise für Jungen und Männer als angemessen erachtet werden. Sie haben damit eine Orientierungsfunktion im Hinblick auf die persönliche Sozialisation und die Identitätsfindung eines Menschen. Und da schon Kinder und Jugendliche den Erwartungen ihrer sozialen Umwelt gerecht werden wollen, orientieren sie sich an den Vorgaben der tradierten Stereotype. Gleichzeitig stellen diese aber auch eine Einschränkung der Verhaltens- und Handlungsmöglichkeiten dar.[74] Das folgende Schaubild veranschaulicht gängige weibliche Stereotype.

Frauen sind:

- abergläubisch
- abhängig
- affektiert
- attraktiv
- charmant
- einfühlsam
- emotional
- feminin
- furchtsam
- gefühlvoll
- geschwätzig
- liebevoll
- milde
- neugierig
- schwach
- sanft
- sexy
- träumerisch
- unterwürfig
- weichherzig

Klassische Weiblichkeitsstereotype wie gefühlvoll, sanft, warm, einfühlsam etc. werden als ideal für soziale Tätigkeiten und Familienarbeit, aber als hinderlich zum Beispiel für die berufliche Karriere bewertet. Folglich erscheinen die aktiven, zielstrebigen, leistungsorientierten und eher unemotionalen Männer als für die Geschäftswelt und den harten Kampf um Macht und Prestige prädestiniert. Welche Eigenschaften ihnen sonst noch zugeschrieben werden, geht aus einem weiteren Schaubild hervor.

Männer sind:

- anmaßend
- abenteuerlustig
- aggressiv
- aktiv
- dominant
- egoistisch
- ehrgeizig
- einfallsreich
- emotionslos
- entschlossen
- erfinderisch
- initiativ
- ernsthaft
- faul
- fortschrittlich
- grausam
- grob
- hartherzig
- klar denkend
- kräftig
- kühn
- laut
- logisch denkend
- maskulin
- mutig
- opportunistisch
- rational
- realistisch
- robust
- selbstbewusst
- selbstherrlich
- stark
- streng
- stur
- tatkräftig
- unabhängig
- überheblich
- unbekümmert
- unerschütterlich
- unnachgiebig
- unordentlich
- unternehmungslustig
- weise

Aus den für Männer und Frauen vorausgesetzten geschlechtertypischen Persönlichkeitseigenschaften werden adäquate Handlungs- und Aufgabenbereiche abgeleitet. An uns alle werden also geschlechtertypische Rollenzuschreibungen und -erwartungen gerichtet.

Aber hier geht eine Falle auf. Dadurch, dass fast ausschließlich Frauen für die Kindererziehung zuständig sind, wird gefolgert, dass sie auch besonders gefühlvoll, warm und einfühlsam sind.

Sharon C. Nash[75] vermutete einen Zusammenhang zwischen den Leistungen von Personen und der Geschlechtsstereotypisierung der gestellten Aufgabe. Stimmte bei den Testpersonen die Stereotypisierung der Aufgabe mit dem Selbstkonzept ihrer eigenen Männlichkeit beziehungsweise Weiblichkeit überein, so erzielten sie bessere Erfolge.

Personen, die sich als stärker feminin als maskulin einschätzen, sollten demnach besonders bei femininen Aufgaben gut abschneiden und Personen mit einem eher maskulinen Selbstkonzept sollten insbesondere maskuline Aufgaben gut bewältigen. Die Ergebnisse ihrer Studie stimmen mit ihrer Annahme überein.

„Das kann man so pauschal nicht beurteilen, aber ..." – Wie Schwestern sein sollen

Schwestern privat

Im Rahmen unserer Erhebung interessierte es uns besonders, ob Schwestern selbst Schwesternkonstellationen als etwas Besonderes verstehen. Zu diesem Zweck haben wir Fragen entwickelt, die uns Auskunft über die Wahrnehmung anderer Geschwisterkonstellationen geben sollten.

Die Antworten, die wir erhielten, hängen deutlich von der eigenen Lebenssituation der jeweils Befragten ab. Waren die Schwestern noch jung und lösten sich gerade aus dem Elternhaus wie etwa während der Ausbildung oder des Studiums, dann wussten sie in der Regel sehr gut darüber Bescheid, ob andere Bekannte oder Freunde aus ihrem Umfeld selbst Geschwister hatten. Je älter die befragten Schwestern dann waren, desto gleichgültiger schien ihnen die Tatsache zu sein, ob andere Menschen ebenfalls Geschwister hatten – es sei denn, sie selbst hatten eine konfliktreiche Beziehung im Jugendalter. Einen Beleg für diese These bietet Christiane, 36 Jahre alt, eine jüngere Schwester: „Wir hatten Streit um die Betreuung des Vaters, als unsere Mutter im Krankenhaus lag. Es war ein sehr ungutes Gemisch aus Misstrauen, Neid, dem Gefühl der Bevorzugung beziehungsweise Benachteiligung. Wir haben eine grundsätzliche Schieflage in der Kommunikation. ... Mutter hat hilflos versucht zu vermitteln, Vater hat all das nicht mitbekommen. ... Ich kenne erwachsene Schwesternpaare und bin überrascht zu sehen, dass nicht nur mein Schwesternverhältnis so ist, sondern dass diese Konstellation anscheinend recht häufig auftritt." Christiane ist erstaunt über die beobachteten Ähnlichkeiten zwischen der Beziehung zu ihrer Schwester und der zwischen Schwestern aus der Nachbarschaft. Sie verdeutlicht damit, dass sie ihre eigene Beziehung bisher als abweichend, nicht „richtig", nicht üblich angesehen hat.

Indem wir danach fragten, wie die Frauen die Beziehung anderer Schwesternpaare bewerteten, erfuhren wir etwas über die Vorstellung der idealen Schwesternbeziehung der einzelnen Befragten.

Nahezu alle Frauen (89,5%) kannten wenigstens ein Schwesternduo in der Nachbarschaft oder im Freundeskreis und 2/3 der Befragten konnten uns auch ein berühmtes Paar aus Literatur, Medien oder dem öffentlichen Leben nennen.

Wir baten die Frauen, beide Schwesternpaare kurz zu beschreiben. Interessanterweise stimmten die Darstellungen weitgehend überein. Wir können aber nicht sagen, ob die Bilder der Schwestern aus dem privaten Umfeld die der berühmten Schwesternpaare bestimmen oder umgekehrt beziehungsweise ob Schwesternvorstellungen generell als Maßstab – gewissermaßen von außen – für die Beurteilung von Schwesternbeziehungen herangezogen werden.

Schwestern scheinen aber in jedem Fall eine gewisse Faszination auszuüben – zumindest wenn sie öffentlich in Erscheinung treten, was die folgenden Beispiele dokumentieren:

Die Kessler-Zwillinge wurden am häufigsten als populäres Schwesternpaar genannt. Wir vermuten, dass es an ihrer jahrzehntelangen Medienpräsenz und der ambivalenten Berichterstattung liegt. Denn einerseits werden sie wegen ihres faszinierenden Aussehens aufgrund des Zwillingseins und andererseits wegen ihres engen Zusammenhalts sowohl bewundert als auch kritisiert. Skeptikerinnen bemängeln ihre öffentliche Maske, vermuten aber auch innere Konflikte, weil sie sich zum Beispiel gegen eine Heirat zugunsten der Schwesternbeziehung und ihrer Karriere entschieden haben. Alle Befragten wissen, dass sich die Zwillinge durch Streitigkeiten nicht haben kleinkriegen lassen; sie haben aber auch festgestellt, dass sie durch ihre Karriere aneinander gebunden sind. Dieser enge Zusammenschluss der Laufbahn wegen wird von vielen aber auch als positiv bewertet, denn es zeuge von Vertrauen und Ehrlichkeit. Wiederum andere beurteilen die Beziehung als harmonisch.

Schwestern in Märchen wurden ebenfalls sehr häufig aufgeführt. Als berühmte Schwesternbeziehungen fielen vielen Befragten die Gegensatzpaare Aschenputtel und ihre Stiefschwestern oder die unzertrennlichen Schwestern Hanni und Nanni aus der gleichnamigen Mädchenbuchreihe von Enid Blyton ein. Schneeweißchen und Rosenrot wurden als symbiotisch und farblos eingeschätzt. Außerdem sprachen viele deren Heirat mit einem gut aussehenden Prinzen an, was also als weiteres Charakteristikum gesehen werden kann.

Literarische Schwestern wurden ebenfalls von vielen angegeben. Bei den Mann-Schwestern beklagen viele Frauen den geringen Zusammenhalt und die Ausgrenzung der mittleren Schwester Monika aus der Schwesternbeziehung.

Die Brontë-Schwestern hingegen werden wegen ihrer schriftstellerischen Glanzleistung bewundert und weil sie zuerst zusammen geschrieben haben. Sie werden aber auch einzeln geschätzt. Neben dem Zusammenhalt wird also auch die Konkurrenz untereinander von den Befragten registriert.

Abgerundet wird diese Kategorie durch die Nennung des Zusammenlebens von Friedrich Schiller und den Schwestern Lengefeld.

Als **Schwestern in der Literatur** werden *Das doppelte Lottchen* von Erich Kästner, *Amy oder Die Metamorphose* von Barbara Frischmuth und *Pride and Prejudice* (Stolz und Vorurteil) von Jane Austen hervorgehoben. Positiv angesehen wird hier der Zusammenhalt und das Zusammengehörigkeitsgefühl trotz der Unterschiede im Charakter, ebenso die grundsätzliche Bereitschaft der Figuren, gegenseitig Verantwortung zu übernehmen.

Öffentliche Schwestern, die uns genannt wurden, sind zum Beispiel Inge und Sophie Scholl. Es ist die große Nähe, gemeinsame Urlaube, der enge Briefkontakt sowie die Liebe zwischen ihnen, die die von uns interviewten Frauen lobten.

Die Schwestern Bronia, eine Medizinerin, und Marie Curie wurden genannt, weil sie sich gegenseitig das Studium finanzierten.

Schwestern in den Medien wurden aus denselben Gründen genannt wie Alice und Ellen Kessler: die Hilton-Schwestern wegen ihrer gemeinsamen öffentlichen Auftritte, wobei sich die befragten Frauen nicht sicher sind, ob sie sich gut verstehen. Bei Anja und Gerit Kling, beides Schauspielerinnen, sind es die zahlreichen Gemeinsamkeiten wie gemeinsame Filme, Urlaube und das Zusammenwohnen. Hinzukommen die Prinzessinnen von Schweden, Viktoria und Madeleine, weil sie sich liebevoll und schwesterlich verhalten, während sich das Schwesternpaar aus Monaco, Caroline und Stephanie, für die meisten durch ihre häufigen Streits und große Distanz zueinander auszeichnen. Bei den Olsen-Zwillingen, sie machen beide Musik, wird durchweg die Zwangsgemeinschaft aus kommerziellen Gründen und die gegenseitige Konkurrenz kritisiert. Das Gegenteil schreiben die Befragten den Geschwistern Hoffmann, ebenfalls Musikerinnen, zu, denn sie halten eng zusammen, gestalten ihr Leben gemeinsam und seien sich charakterlich ähnlich. Emilia (Schauspielerin) und Magda Vášáryová (Diplomatin) fallen vielen durch ihre auffällige äußerliche Ähnlichkeit auf ebenso wie durch hervorragende Leistungen im Beruf und ähnliche Familienmodelle. Die Tennisspielerinnen Serena und Venus Williams beeindrucken durch ihre gemeinsame Karriere, die die eine nicht ohne die andere geschafft hätte.

Wir sehen an diesen Äußerungen, dass die kulturellen gesellschaftlichen Stereotype wirken: Schwestern sollten in schwierigen Lebenslagen füreinander da sein, als Voraussetzung dafür wird aber das emotionale Zusammengehörigkeitsgefühl verstanden. Darüber hinaus erwarten die von uns befragten Frauen, dass sich Schwestern gut verstehen und akzeptieren.

Schwestern beruflich

Diese verfestigten Vorstellungen von idealen Schwesternbeziehungen, wie wir sie oben beschrieben haben, konnten wir auch in einem anderen Bereich feststellen, nämlich im Arbeitsleben. Wir sind davon überzeugt, dass sich die Berufswelt am ehesten für die Einschätzung fremden Verhaltens außerhalb der eigenen Familie eignet. Der Hauptfaktor dafür ist die lange Zeit, die man mit Kolleginnen und Kollegen verbringt, und die sich

daraus ergebende Möglichkeit, auch private Kontakte zu knüpfen und sich zu beobachten.
Zunächst befragten wir die Frauen nach der Relevanz des Themas, d. h., ob sie über die Geschwisterkonstellationen ihrer Arbeitskolleginnen Bescheid wissen. Wie bereits im Falle der Schwesternpaare im näheren Umfeld wie auch auf die Frage nach berühmten Paaren zeigte sich hier erneut, dass die jüngeren Frauen deutlich besser über die Schwesternkonstellationen ihrer Studien- oder Arbeitskolleginnen informiert waren. Die älteren Frauen waren nur dann im Bilde, wenn die Kolleginnen es ihnen von sich aus erzählt hatten. Die genauen Ergebnisse gibt die folgende Tabelle wieder.

	Anzahl	Prozent
nur, wenn die Kolleginnen erzählen	41	40,59
ja, von den meisten	33	32,67
nein	8	7,92
Geschwisterverhältnisse interessieren mich nicht	7	6,93
ja, von allen	1	0,99
trifft nicht zu	9	8,91
gesamt	99	100

Kennen Sie die Geschwisterverhältnisse Ihrer Arbeitskolleginnen?

Wir haben die Befragten auch gebeten, darüber nachzudenken, ob Schwestern generell ein anderes Verhalten im Beruf zeigen. Die meisten der Frauen waren sich nicht sicher, ob dem so ist. Immerhin stimmten 17,5% der Ansicht zu:

	Anzahl	Prozent
weiß nicht	70	72,2
stimmt	17	17,5
meine Arbeitskolleginnen haben keine Schwestern	6	6,2
wichtig ist, dass überhaupt Geschwister da sind	4	4,1
gesamt	97	100

Schwestern haben ein besonderes Verhalten im Beruf

Obwohl 83 der befragten Frauen sich nicht sicher sind, ob das Schwesternverhältnis ihrer Arbeitskolleginnen einen Einfluss auf deren Arbeitsverhalten hat beziehungsweise diese Vermutung nicht bestätigen, sind immerhin sechs Frauen anderer Ansicht. Sie beschreiben das Verhalten ihrer Kolleginnen mit Stereotypen wie Kollegialität, Solidarität, Rücksichtnahme, Toleranz und besseres Verständnis für die Situation von Frauen. Dies sei der Fall insbesondere bei gleichaltrigen Kolleginnen und bei Ähnlichkeiten mit der Schwester. Nur eine Interviewpartnerin fühlte sich von ihrer Kollegin in die Rolle der kleinen Schwester gedrängt und beobachtete ein Konkurrenzverhalten.

Unser Fragebogen enthielt folgende Aussage: „In der Literatur liest man zuweilen, dass Schwestern auch im Arbeitsleben ein besonderes Verhalten zeigen. Wie schätzen Sie diese Aussage ein und haben Sie Ähnliches beobachtet?" Wir erhielten folgende Antworten:

„Ich glaube schon, dass die Tatsache, dass meine Kollegin eine Schwester hat, sich auf ihr Arbeitsverhalten auswirkt. Und zwar auf …:

- ... das verbale Verhalten. Manche zeigen deutliches Konkurrenzverhalten, andere behandeln mich wie ihre kleine Schwester ..." – Eva, 26 Jahre alt, eine ältere Schwester, ein Bruder
- ... ich halte es für möglich, dass Schwestern andere Frauen als Konkurrenz sehen und ehrgeizig auf ihre Position achten." – Elisabeth, 47 Jahre alt, eine ältere Schwester, drei Brüder
- ... das soziale Miteinander. Es hat eine positive Wirkung." – Annegret, 48 Jahre alt, eine ältere und eine jüngere Schwester
- ... auf ihre Beziehung zu anderen Kolleginnen." – Rena, 28 Jahre alt, eine ältere Schwester sowie ein Bruder
- ... ihre Kollegialität und Solidarität." – Rita, 50 Jahre alt, zwei jüngere Schwestern
- ... ich denke, wenn der Altersabstand nicht zu groß ist, lernt man Rücksichtnahme und Toleranz." – Karin, 42 Jahre alt, eine jüngere Schwester und zwei Brüder
- ... ihren Umgang mit Kolleginnen, bei denen sie Ähnlichkeiten mit ihrer Schwester erkennt." – Anna, 29 Jahre alt, zwei jüngere sowie eine ältere Schwester
- ... ihr Wissen vom „Frau-Sein" und Solidarität unter Frauen." – Julia, 29 Jahre alt, eine ältere Schwester

Wie verborgen Stereotype wirken, wird auch an diesen Antworten deutlich. Fast jede fünfte Befragte ist generell der Meinung, Schwestern verhielten sich im Beruf anders, und denkt, man würde von ihr selbst ein schwesterliches Verhalten erwarten. Drei von vier Befragten geben jedoch an, sie selbst hätten keinerlei Erwartungen der Art an die Kolleginnen und würden auch nicht das Gefühl haben, dass Kolleginnen mit schwesterlichem Verhalten ihrerseits rechnen.

7
Schwesternleben

Die vorangegangenen Abschnitte verdeutlichen den konkreten Zusammenhang zwischen biografischer Herkunft, gelebten Alltagserfahrungen, Hoffnungen und Wünschen. Sie haben größtenteils ihre Wurzeln in den gesellschaftlichen Erwartungen. Lebensläufe von Menschen sind immer einzigartig. Wir haben aber gesehen, dass diese Individualität in großem Maße gesellschaftlich geprägt ist und dadurch dann doch wiederum verallgemeinerbar ist.

Unsere rund hundert im so genannten Schneeballsystem durchgeführten Interviews sind in ihrer Zahl zu gering, als dass sie uns statistisch gesicherte und repräsentative Ergebnisse liefern könnten – von einer Typologie ganz zu schweigen. Dennoch weisen diese Interviews einige Parallelen auf, die uns auf bestimmte, immer wiederkehrende Muster aufmerksam machten.

Im Folgenden stellen wir die Muster in Schwesternbeziehungen exemplarisch vor, die am häufigsten aufgetreten sind. Es handelt sich dabei um Kategorien, die sich entweder durch ihren besonderen Charakter oder ein spezifisches Handlungsmuster auszeichnen. Für die einzelne Beziehung kann ein

- enger Zusammenhalt,
- die symbiotische Beziehung,
- Kommunikationsprobleme,
- freundschaftliches Verhalten,
- Stärken und Schwächen,
- die Stärke der familialen Bindung oder
- die Orientierung am Wohl der Eltern typisch sein.

„Wie Pech und Schwefel" – Schwesternbeziehungen als Tandem

Annette ist 28 Jahre alt und hat eine jüngere Schwester. Sie befindet sich noch in der Ausbildung. Sie ist ledig, lebt im Ausbildungsort und teilt mit ihrer Schwester eine gemeinsame Wohnung. Annette hat ihr ganzes Leben in enger Symbiose mit ihrer Schwester verbracht und schildert begeistert gemeinsame Urlaube aus Kindheitstagen, wobei die Stimmung in der Familie ungetrübt gewesen ist. Sie mag das Zusammenleben mit ihrer Schwester in der gemeinsamen Wohnung nicht missen und fühlt sich einsam, wenn ihre Schwester mal nicht da ist. Sie vermisst dann gemeinsame Mahlzeiten, gemeinsames Ausgehen und die Diskussionen der beiden. Auf dieser Erfahrung aufbauend verfestigt sich ihr Stereotyp einer idealen Schwesternbeziehung: „Schwestern sollen ein gutes Verhältnis zueinander haben, gemeinsam shoppen gehen, loyal, tolerant, respektvoll sein. Sie sollen sich gegenseitig unterstützen, zusammenhalten und trösten – das ist wünschenswert." Annette ist überzeugt, dass Schwestern eine Einheit bilden: „Einzelkinder können sich meist schlechter ins Team integrieren und sind es nicht gewohnt zurückzustecken. Der Teamgeist ist das Wichtigste."

Ihre positiven Kindheitserinnerungen tragen zu einer grundsätzlich positiven Haltung gegenüber der Schwester bei, was wiederum auch ihre Sicht auf andere Schwesternbeziehungen beeinflusst.

„Ein Mann hat da keine Chance" – Symbiotische Beziehungen zwischen Schwestern

Rena ist 28 Jahre alt, hat eine ältere Schwester sowie einen Bruder und ist Vollzeit in einer gehobenen Position erwerbstätig. Sie lebt allein und führt mit ihrem Partner eine Fernbeziehung. Vor einigen Jahren hat sie ihre Schwester im Ausland besucht. Rena war ganz überrascht, denn dort erlebte sie ihre Schwester in einem ganz anderen, neuen Licht. Diese Veränderung führt sie auf die räumliche Entfernung zum Elternhaus zurück. Dennoch hat für sie die sich erneuernde Beziehung zwischen den beiden Schwestern weiterhin eine sinnstiftende Funktion und seit dem Besuch fehlt Rena ihre Schwester bei vielen großen und kleinen Entscheidungen. Obwohl ein Ende der räumlichen Trennung der beiden Schwestern nicht abzusehen ist und somit sich der Alltag der beiden Frauen nicht überschneiden wird, bleibt der Zusammenhalt durch die Rückbesinnung auf die Familie weiterhin bestehen. „Am meisten fehlt sie mir, wenn Entscheidungen oder Änderungen im engsten Familienkreis anstehen", berichtet Rena. Obwohl sie sich diesbezüglich selbst kritisch hinterfragt, bewundert sie ein ihr nahe stehendes Schwesternduo: „Ich beobachte eine gewisse Abhängigkeit zwischen ihnen, die vielleicht daraus resultiert, dass beide ohne Partner leben, beide erwachsene Kinder haben und ansonsten wenig soziale Kontakte pflegen. ... Sie leben fast wie ein Ehepaar zusammen, sind immer füreinander da." Auch für Rena macht die Qualität der Schwesternbeziehung ein freundschaftliches und sehr enges Verhältnis aus.

„Es ging immer nur um sie" – Kommunikationsprobleme seit der Kindheit

Die 65-jährige Inge hat zwei jüngere Schwestern und ist in leitender Position berufstätig. Sie ist zum zweiten Mal verheiratet und hat aus erster Ehe selbst zwei Töchter. Die Beziehung zu ihrer jüngsten Schwester beschreibt sie als sehr positiv und liebevoll, mit der nach ihr Geborenen versteht sie sich überhaupt nicht und hat vor ein paar Jahren den Kontakt zu ihr vollständig abgebrochen. Inge erzählt, kein gutes Verhältnis zum Vater gehabt zu haben. Er und die jüngere, ungeliebte Schwester ähneln einander sehr. Beide sind laut Inge dominante Menschen und „geben mehr vor, als sie sind". So hat sich im Laufe ihres Lebens eine tiefe Kluft zwischen den beiden Schwestern aufgetan.

„Stets ging und geht es ihr um Rivalitäten. Um sich bemerkbar zu machen, verletzt sie tief. Sie gehört zu den Menschen, die n u r nehmen können und nichts geben." Des Weiteren berichtet sie: „Meinen Vater habe ich lange bewundert und dann sehr lange gebraucht, um ihn zu durchschauen. Meine Schwester ist genauso wie er. Mir gehen ihre Faulheit und ihre gespielte Naivität auf die Nerven. Ihre Häme und ihre Eifersucht lassen mir nur Raum, indem ich den Kontakt zu ihr meide."

Es ist durchaus möglich, dass Inge dazu übergeht, grundsätzlich nichts mehr von einer Schwesternbeziehung zu erwarten. Dass sie ebenfalls dem Einfluss kultureller Bilder unterliegt, zeigen ihre Antworten auf die Fragen nach den Bindungen anderer Frauen: „Mit fehlt eine Schwester in freundlichen Familienrunden, wie es in anderen Familien vorkommt. Zum Beispiel wie in meiner Schwiegerfamilie, in der ich mich sehr wohl fühle. Anerkennung, freundlich miteinander umgehen, hilfsbereit sein – das ist es. ... Meine Freundin hat eine sehr gute Beziehung zu ihrer Schwester. Sie haben freundlichen Kontakt. Gerät eine in Schwierigkeiten, helfen sie sich gegenseitig. Beide nehmen ehrlichen Anteil am Leben der jeweils anderen und besuchen sich zu Festtagen. Und dann machen sie einmal im Jahr zusammen Urlaub. Wie wunderbar wäre es, auch so ein Schwesternverhältnis zu haben!"

Diese Passage veranschaulicht nicht befriedigend ausgetragene Konflikte innerhalb eines Lebens. Diese kollidieren mit den gesellschaftlichen Einstellungen von Schwesternschaft und zeigen, dass es schwierig ist, sich von den verinnerlichten Bildern der idealen Beziehung zu lösen. Selbst der Kontaktabbruch zur Schwester hilft nicht, sie sozusagen loszuwerden – die gemeinsame Herkunft aus demselben Elternhaus verbindet zu stark.

Schwestern als Freundinnen

Im Zusammenhang mit Schwesternbildern zogen fast alle Interviewpartnerinnen Parallelen zu Freundinnen. Ein schönes Beispiel für eine freundschaftliche Schwesternbeziehung ist die Geschichte von Martha.

Martha ist 69 Jahre alt und hat zwei jüngere Schwestern. Nach ihrem Abitur arbeitete sie als Schriftstellerin und ist seit ein paar Jahren im Ruhestand. Sie ist verheiratet und hat zwei Söhne. Die Zeit mit ihrer Schwester nach dem Tod des Vaters hat bei Martha einen bleibenden Eindruck hinterlassen. Sie selbst war sehr verstört und ihre Mutter stand völlig neben sich. Es war die Schwester, die in dieser Situation den kühlen Kopf behielt und Martha und ihrer Mutter in dieser Zeit beistand. Sie regelte die organisatorischen Dinge und bewahrte Ruhe. Und so ist es auch im Alltag. Die Schwestern haben ein Verhältnis aufgebaut, in dem jede der anderen den nötigen

Raum gewährt; andererseits halten sie in Stresssituationen zusammen. „Sie fehlt mir nicht täglich, denn sie wohnt ja nur 100 km entfernt! Wir veranstalten jeden Monat einen Schwesterntag – mal mit Ehemännern, mal ohne."

Ähnliche Muster zeigt auch die Beziehung von Barbara, 47 Jahre alt, zu ihrer Schwester. Sie ist die Älteste von drei Kindern, einem Sohn und zwei Töchtern. Sie erinnert sich genau an ein Kindheitserlebnis mit ihrer Schwester: Nach einem Unfall hat ihre Mutter sie alleine zum Arzt geschickt, um sich selbst besser um die kleine Schwester kümmern zu können. Dieses Verhalten hat sie ihrer Mutter zwar übel genommen, kann sie aber heute verstehen. Zu ihrer Schwester hat sie einen guten Kontakt und meint, dass sich Schwestern im Alter enger zusammenschließen, nachdem die Kinder aus dem Haus sind und die Ehemänner vielleicht verstorben sind. Die Bindung an die gemeinsame Herkunft ist auch in diesem Beispiel ein ganz wichtiger – vielleicht sogar der wichtigste – Aspekt, dessen Grundlage gewissermaßen ein freundschaftliches Verhältnis ist.

Die starke andere

Die Interviews mit Janine und Maren geben darüber Auskunft, dass eine der Schwestern zuweilen schwächer ist und sich auf die stärkere andere verlassen möchte. Janine ist 25 Jahre alt und hat zwei ältere Schwestern. Nach der mittleren Reife hat sie eine Ausbildung im Dienstleistungsbereich gemacht und ist Vollzeit in diesem Bereich erwerbstätig. Sie lebt mit ihrem Freund zusammen und hat keine Kinder. In einem Streit, den die Mutter auslöste, suchte sie Hilfe bei ihrer Schwester. Sie freut sich darüber noch heute: „Sie hat zu mir gehalten und mir ihre Hilfe angeboten, obwohl sich einige aus der Familie gegen mich gestellt hatten."

Diese Episode scheint für sie der Anlass gewesen zu sein, bei nachfolgenden Familienkonflikten von vornherein die Hilfe der Schwester zu suchen. Janine sieht die Hauptursache für die Konflikte in den voneinander abweichenden Lebensanschauungen ihrer Eltern und von ihren eigenen. Schön ist es für sie, dass sie ein gutes Vertrauensverhältnis zu ihrer Schwester aufbauen konnte, welches von gegenseitiger Rücksicht geprägt ist. Ihre Schwester ist für sie auch ein Vorbild im Hinblick auf berufliches Engagement.

Die 42-jährige Maren ist das jüngste von vier Kindern. Sie hat eine ältere Schwester und zwei ältere Brüder. Sie ist verheiratet, hat selbst zwei Töchter und arbeitet Teilzeit in der Erwachsenenbildung. Sie erinnert sich an ihre starke, große Schwester sehr positiv: „Mit 13 war ich mit einem Jungen fürs Kino verabredet. Meine Eltern wollten es mir verbieten. Meine ältere Schwester half mir, zu erreichen, dass ich hingehen durfte. Ich musste das Kino um eine bestimmte Uhrzeit verlassen – und zwar während des Films." Dieses Erlebnis ist auch bei ihr der Ausgangspunkt für die dauerhafte und vertrauensvolle Bindung, die sie zur Schwester hat. Obwohl die beiden mehrere hundert Kilometer voneinander entfernt wohnen, fehlt ihr die Schwester immer in kniffligen Entscheidungssituationen, in denen ein offenes Wort gesprochen werden muss: „Meine Schwester ist die praktisch Zupackende und immer für realistische Ratschläge und Umsetzungen zu haben. Wir brauchen uns auch gegenseitig, wenn wir uns über jemanden ärgern. Da können wir offen reden und wissen, dass die andere das schon richtig einsortiert und nichts an andere weitergeben wird." Hier wird die schwesterliche Aufgabenteilung deutlich: Die eine ist stark und wird von der anderen um Rat gefragt. Dabei gelingt beiden die Gratwanderung, Gefühle von Dominanz und Ausbeutung gar nicht erst aufkommen zu lassen.

Schwestern im inner circle

„Inner circle" ist eine treffende Umschreibung für die Herkunftsfamilie und alles, was mit ihr zusammenhängt. Schwestern werden in eine Familie hineingeboren und sind dadurch selbstverständlich und ohne dass es in Frage gestellt wird, dabei: Sie erleben hautnah die Familienentwicklung, erfahren Leid, Freude und Trauer, sind mit von der Partie an Feiertagen und in Problemsituationen. Schwestern bekommen die gleichen Werte vermittelt und entwickeln sich im frühesten Kindesalter ähnlich. Mit zunehmender Persönlichkeitsentwicklung haben sie dann die Möglichkeit, sich von ihrer Familie zu entfernen. So unterschiedlich die Strategien des gegenseitigen Umgangs mit Familienmitgliedern und besonders den eigenen Schwestern im Erwachsenenalter auch sein mögen – der gemeinsamen Geschichte kann man sich nicht entziehen. Jeder Einzelne und die engsten Familienangehörigen befinden sich im inneren Kreis, dem so genannten inner circle – alle anderen befinden sich außerhalb dieses Radius.

Anhand Mariannes Geschichte ist sehr schön zu sehen, was genau wir damit meinen. Sie ist 48 Jahre alt und hat eine jüngere Schwester. Seit Beendigung ihres Studiums arbeitet sie als Teilzeitkraft in einer Bibliothek. Marianne ist verheiratet und hat eine Tochter. Sie berichtet uns von einem Familienkonflikt, der vor fünf Jahren eskalierte. Dabei ging es um Erbschaftsstreitigkeiten anlässlich des Todes des Vaters. Ihre Schwester zettelte – laut Marianne – wegen starken Eigeninteresses eine Familienintrige an und zerstörte so nachhaltig die Familienstruktur. „Meine Mutter hat unreflektiert Partei ergriffen. Einseitiger Liebesentzug, Machtspiele, Ausgrenzung und hilflos-aggressives Verhalten bis hin zum völligen Versagen – so lässt sich wohl am besten die Situation beschreiben. ... Das Verhältnis zu meiner Schwester ist seitdem natürlich negativ belastet. Sie fehlt mir überhaupt nicht." Im weiteren Verlauf des Interviews bekräftigt sie, wie schön es wäre, eine Schwester für intime Gespräche zu haben und um das Gefühl des inner circle wieder herstellen zu können. Eine Basis hierfür ist ein ehrliches und faires Verhalten, wie sie es auch in so genannten intakten Schwesternbeziehungen zu sehen glaubt.

Die kooperierenden Schwestern

Elke ist 51 Jahre alt und hat zwei ältere Geschwister, einen Bruder und eine Schwester. Sie ist verheiratet und hat zwei Töchter. Nach Beendigung ihres Studiums hat sie eine Vollzeit-Tätigkeit in der Erwachsenenbildung angetreten. Ihre Schwester verließ die Familie, als Elke elf Jahre alt war. Damals verabredeten die Schwestern, eng zusammenzuhalten. „Sie war meine Verbindung zur großen, weiten Welt. Mode, Musik usw. ... ich lebte ja auf dem Land. Als ich fast 35 Jahre alt war, kritisierte sie mich deswegen insgesamt ... Wir sind einfach zu verschieden geworden, ich vermisse und brauche sie gar nicht." Im weiteren Interviewverlauf betont Elke die Notwendigkeit, bezüglich der Verantwortung für die gemeinsamen Eltern miteinander zu kooperieren. Die Schwesternbeziehung fußt hier auf der Loyalität gegenüber den Eltern. Beide Schwestern akzeptieren, dass sie einander nicht emotional brauchen.

In vielen Interviews wird deutlich, dass sich die Achtung und der Respekt, den sich viele wünschen und als erstrebenswert ansehen, im Laufe des Lebens verändern. Wir beobachten dabei eine Entwicklung, der eine tiefe Loyalität und ein großes Vertrauen zugrunde liegt: Aus Anerkennung wird eine Art stützende Beziehung. Ältere Befragte geben sogar an, ihre Schwester würde sie im Leben begleiten und sei zu einer Bereicherung geworden. Distanz und Nähe halten sich jeweils die Waage und zugunsten von Familienpflichten agieren die Schwestern gemeinsam.

8
Schwesternbiografien

Während die vorausgegangenen Kapitel typische Verlaufs- und Handlungsmuster innerhalb von Schwesterbeziehungen wiedergeben, wird im Folgenden der größere Zusammenhang einiger ausgewählter Biografien von Frauen vorgestellt. Anhand dieser exemplarischen Lebensläufe wollen wir die Komplexität der unterschiedlichen Beziehungen verdeutlichen und nachvollziehbar machen. Wir glauben, dass Ihnen die Lektüre einen guten Einblick in die Vielfältigkeit von Schwesternbeziehungen bietet. Zudem hoffen wir, dass sich die eine oder andere von Ihnen darin wiedererkennt und Sie somit etwas über die Hintergründe und Dynamiken Ihrer eigenen Schwesternbeziehung erfahren und das Verhältnis zur Schwester besser verstehen.

Wir haben die vier Biografhien bewusst ausgewählt, weil sie grundsätzlich die Bewertung von Lebensläufen entscheidend beeinflussen. Sie machen klar, dass das, was in der einen Schwesternbiografie zum Abbruch der Beziehung geführt hat, in einer anderen Schwesternbeziehung nicht zwangsläufig diesen Schritt nach sich zieht. Es wird auch ersichtlich, dass die Interpretation einer Beziehung von sehr vielen Faktoren abhängt und dass mit dem zunehmenden Alter der befragten Frauen frühere negative Erlebnisse scheinbar verblassen, in jedem Fall an Gewicht verlieren.

So unterschiedlich die individuellen Aspekte auch sein mögen – die Abstammung von denselben Eltern hat für alle eine persönliche Bedeutung, was sich in den Geschichten auch manifestiert.

Silke

Silke wurde 1967 in einem ländlich geprägten Umfeld geboren. Sie war ein Wunschkind ihrer Eltern und verbrachte eine glückliche Kindheit. 1974 wird ihre Schwester Kerstin geboren. Sie liebt das Baby und fühlt sich von Anfang an für die kleine, sieben Jahre jüngere Schwester sehr verantwortlich.

Beide Schwestern verbringen eine unbeschwerte Kindheit miteinander. Sie müssen sich allerdings sehr häufig gegen die Eltern solidarisieren. Als Grund gibt Silke den als überaus streng empfundenen Vater an. Er war ein dominanter Mensch, gegen den auch die Mutter oftmals nicht viel ausrichten konnte. Wenn die Schwestern einmal etwas ausgefressen hatten oder sich Probleme ergaben, gingen beide zunächst zur Mutter. Entweder versuchten sie, mit deren Hilfe und ohne das Wissen des Vaters alleine aus der Patsche zu kommen, oder sie bemühten sich darum, die Mutter als Stütze zu gewinnen. Diese legte dann ein gutes Wort für sie ein und besänftigte den Vater.

Bei den meisten Problemen funktionierte diese Strategie. Jedoch immer dann, wenn Familienwerte oder gesellschaftliche Moralvorstellungen betroffen waren, konnte die Mutter nicht einlenken und fügte sich letztendlich den strengen Vorstellungen ihres Ehemannes. Die Art und Weise, wie das Weihnachtsfest begangen wurde oder wann die Töchter nach dem Besuch einer Party zu Hause sein sollten, außerdem Urlaube sowie Freundschaften waren stets schwierige Themen. Letzten Endes setzte sich immer der Vater durch. Die Schwestern hatten dann das Gefühl, verlassen und nur auf sich gestellt zu sein.

So entwickelte sich, wie Silke im Interview schildert, eine symbiotische Beziehung zwischen ihr und Kerstin. Als die jüngere Schwester pubertiert, kommt es zu einem Bruch.

Dennoch erfährt sie durch Kerstin die größte Unterstützung, als sie im Alter von 16, 17 Jahren eine Beziehung mit einer anderen Frau beginnt. Nachdem Silke sich zunächst der Schwester erklärt hat, gehen beide nach vielen Gesprächen wie gewohnt zur Mutter. Diese weigert sich allerdings, den Vater vorzuwarnen, denn in dessen enge Moralvorstellungen hätte eine lesbische Tochter nicht gepasst.

Silke vermutet allerdings, dass der Vater ihre Homosexualität geahnt hat, und entwickelte daraufhin starke Angstgefühle vor ihm. Geholfen hat ihr in dieser Situation Kerstin, die immer wieder für sie gelogen und somit dazu beigetragen hat, dass Silke ihr „Geheimnis" vor dem Vater verbergen konnte, bis sie schließlich von zu Hause auszog und ein Studium anfing.

Jetzt, wo beide Schwestern ungefähr 300 km auseinander leben und sich nicht mehr täglich sehen, beschränkt sich das Verhältnis wie Silke sagt auf das Wesentliche. Sie telefonieren häufig miteinander und tauschen sich über Erlebnisse ebenso wie über Gefühle miteinander aus. Als Silke in einem der Gespräche bemerkte, dass sich Kerstin für ihre lesbische Neigung schäme, kam es zu einer Art Funkstille, die bis zum nächsten Weihnachtsfest bei den Eltern andauerte.

Silke charakterisiert ihre Beziehung zu ihrer Schwester Kerstin als außerordentlich eng und vermutet, dass es ihr Vater war, der aufgrund seiner Strenge hauptsächlich dazu beigetragen hat.

Auf unsere Frage, welche die wichtigste Eigenschaft einer Schwesternbeziehung für sie sei, antwortet Silke nach einigem Überlegen: „Es gibt ab und zu Spannungen, aber in Krisenmomenten halten Schwestern zusammen. Sie sollten immer füreinander da sein."

Lena

Lena kam als letztes von drei Kindern im Jahr 1953 zur Welt. Ihr Bruder ist zehn Jahre und ihre Schwester ist acht Jahre älter. Sie stammen aus einem gut situierten Elternhaus und verlebten eine unspektakuläre Kindheit. Lena sagt, sie habe zu ihrer Schwester Magda eine intensivere Beziehung gehabt als zu ihrem Bruder Klaus. Während dieser sich größtenteils um seine eigenen Dinge kümmerte, übernahm Magda von Anfang an die Rolle der fürsorglichen Beschützerin. Lena empfand das bis in die ersten Schuljahre hinein als völlig normal, bis sie in der Schule von Mitschülerinnen darauf angesprochen wurde, ob ihre Mutter sich nicht um sie kümmern dürfe. „Deine Schwester könnte ja deine Mutter sein, so streng wie sie mit dir ist!" Als sich Aussagen dieser Art häuften, wurde Lena skeptisch und versuchte, sich von ihrer Schwester zu lösen, indem sie etwa nur noch wenig von sich selbst erzählte. Magda reagierte darauf mit noch strengerer Kontrolle und so veränderte sich das Verhältnis der beiden Schwestern immer stärker in ein schwieriges Abhängigkeitsgeflecht.

Sowohl der Vater als auch die Mutter hielten sich völlig heraus aus dem, was zwischen den Töchtern im Gange war. Sie empfanden die Beziehung der beiden Mädchen als völlig normal. Die Tatsache, dass der Bruder keine Rolle unter den Geschwistern spielte, erklärten die Eltern mit seinem Geschlecht und dem höheren Alter.

Bis heute hat sich das Verhältnis der beiden Schwestern zueinander nicht geändert. Lena räumt sogar ein, den Kontakt zu Magda abgebrochen zu haben. Der Auslöser dafür liegt bereits einige Jahre zurück. Damals trennte sich Lena im Alter von 37 Jahren von ihrem langjährigen Freund. In dieser Zeit ging es ihr emotional sehr schlecht. Sie bekam nur Vorwürfe von ihrer älteren Schwester, anstatt dass Magda sie unterstützte. Lena beschreibt diese Phase als großen Bruch in der Beziehung: „Meine Schwester ist sehr intolerant. Sie ist der Ansicht, wenn einem nicht alles gelingt, ist man selbst schuld. Und dass meine Beziehung zerbrach, war auch meine Schuld – aus Magdas Sicht konnte mein Partner nichts dafür. Auch dass unsere Mutter nun im Alter Hilfe braucht etwa bei täglichen Einkäufen, Bankgeschäften oder Arztbesuchen, empfindet Magda als störend. Sie überlässt diese Arbeit mir. Es scheint, als ob jemand, der Hilfe benötigt, für Magda nicht viel wert ist."

Lena leidet unter dieser Situation sehr, denn sie hätte gerne eine sehr innige Schwesternbeziehung. Ein Verhältnis der Art, wie sie es im Kollegenkreis oder bei öffentlichen Personen beobachtet. Diese Schwestern seien wie Freundinnen, die sich gegenseitig helfen und die sich über alles, was die andere bewegt, aussprechen können. Weil Magda aus Lenas Sicht aber so kaltherzig ist, antwortet diese auf die Frage, ob sie sich nicht auch ein anderes, freundschaftliches Verhältnis wünsche: „Ich??? Ich brauche das zum Glück überhaupt nicht."

Almut

Als Almuts ältester Bruder 1927 zur Welt kam, wurde die wirtschaftliche Situation ihrer Eltern schlechter. Ihre Schwester wurde 1933 geboren und Almut selbst kurz vor Kriegsausbruch im Jahr 1937. Trotz der damaligen schwierigen und entbehrungsreichen Zeit verbrachten die drei Geschwister eine glückliche Kindheit.

Almut berichtet über übliche Geschwisterangeleien, wie sie es nennt, die sich von denen in anderen Familien in keiner Weise unterscheiden. Auch die Tatsache, dass sie sich als Kind stets von ihrer Schwester benachteiligt fühlte, empfindet

Almut als so genannte normale Eifersüchteleien unter Schwestern. Auf unsere Nachfrage hin, bezeichnet sie diese Eifersucht allerdings als häufig störend und gibt zu, dass ihre Pubertät davon ziemlich überschattet gewesen ist. Ihr Lebensalter zwischen 12 und 17 beziehungsweise 18 Jahren sei daher aus der Perspektive der Schwestern auch nicht schön gewesen. Erst durch die Gründung einer eigenen Familie mit 21 Jahren und vor allem durch das Erleben und Beobachten der eigenen Kinder lässt Almut ihre Beziehung zu ihrer Schwester überdenken. Sie hat nach der Geburt ihrer Kinder, sie war damals 25 beziehungsweise 33 Jahre alt, wieder verstärkt die Nähe und den Austausch gesucht und so ein gutes Verhältnis zu ihrer Schwester aufbauen können. Die lebenslange Vertrautheit wird aus Almuts Sicht mit zunehmendem Alter immer enger und verbindlicher, besonders seit ihre Kinder das Elternhaus verlassen haben. „Wenn ich auch nicht sagen kann, ob man Schwestern unbedingt im Kindesalter nötig hat – im Alter braucht man sie in jedem Fall."

Johanna

Johanna wurde 1921 geboren, zwei Jahre später kam ihre Schwester Thea auf die Welt. Ihre Kindheit war wie das Leben all dieser Generationen durch die Ereignisse zwischen den beiden Weltkriegen überschattet: Die Folgen des Ersten Weltkriegs mit der wirtschaftlichen Rezession machten der Familie ebenso zu schaffen wie die Aufrüstung zum Zweiten Weltkrieg. Sie erinnert sich an ein inniges Verhältnis zu ihrer Schwester, das besonders wichtig wurde, als sich herausstellte, dass Thea an einer unheilbaren Krankheit litt. Thea selbst wollte gegenüber ihrer Schwester Johanna immer ein gutes

Vorbild sein und ihr sehr viel schwesterliche Liebe auf deren Lebensweg mitgeben.

Es beeindruckt Johanna noch heute, dass Thea dieser Beziehung zuliebe trotz starker Schmerzen und nur wenige Wochen vor ihrem Tod Johanna auf eine Skifreizeit begleitete. Obwohl das Ereignis fast 30 Jahre zurückliegt, ist Johanna immer noch zu Tränen gerührt, wenn sie sich daran erinnert.

Sie hat versucht, ihre eigenen Kinder zu einem ebenso geschwisterlichen Umgang zu erziehen. Schließlich seien Hilfsbereitschaft, bedingungslose Liebe und Vertrauen das Wichtigste im Leben von Brüdern und insbesondere von Schwestern. Johanna ist der Meinung, dass Schwestern für das ganze Leben einer Frau eine größere und bedeutendere Rolle spielen als der Ehepartner. Seit dem Tod ihres Mannes und seitdem sie allein, weit weg von ihren eigenen Kindern lebt, fehlt ihr die Schwester in jeder Situation, wie sie sagt.

Die Trauer um die eigene Schwester wird etwas abgemildert, weil Johanna nach deren Tod ihre Nichte zu sich genommen hat. Theas Tochter ist ihrer Mutter sehr ähnlich. Das Verhältnis zu ihrer Stieftochter „ist auf besondere Weise innig, so als wollte sie mir meine Schwester Thea ersetzen", so Lena.

Schlussbemerkung

Als Fazit der Untersuchung ist nicht zu übersehen, dass für Schwestern die bloße Präsenz der anderen von großer Bedeutung ist – sei es als Vorbild oder als Person, zu der sie sich abgrenzen müssen, um sich zu behaupten. Daraus entsteht eines der Hauptprobleme in der Beziehung, nämlich der Kampf um gegenseitige Anerkennung. Dieser endet oft in einem Konkurrenz- und Machtkampf, in dem eine Schwester entweder die Überlegene oder die Unterlegene ist.

Eine Lösung für dieses Verhältnis kann weder die Gleichmacherei durch die Eltern noch erzwungene Harmonie sein. Allerdings liegt genau dieser Harmoniezwang sehr nahe, wie wir im Überblick über die kulturellen Schwesternbilder erfahren haben. Aber auch die entgegengesetzte Reaktion, nämlich Zwiespalt und Abgrenzung, verwehrt Schwestern die Identitätsfindung.

Ein Ausweg aus diesem schwesterlichen Dilemma ist vielleicht die gegenwärtige demographische und familiensoziologische Situation selbst. Damit meinen wir die Vielfalt an Familienformen, die wir bereits ausführlich zu Beginn des Buches geschildert haben. Je toleranter und offener Eltern erziehen, je bewusster sie mit den eigenen Geschlechterrollen umgehen, umso wacher können sie gegenüber den traditionsgeladenen Stereotypen sein.

Die Macht dieser Klischees – auch das haben die Äußerungen der Interviewpartnerinnen bewiesen – ist hingegen beachtlich. Immer noch lebt die mentale Vorstellung von der harmonischen Solidarität, zu der Schwestern früher oder später finden sollen. Schwesternbeziehungen werden grundsätzlich dann positiv gesehen, wenn sie dem Idealbild entsprechen.

Viele unserer Befragten kannten ein Schwesternpaar in der eigenen Umgebung und vor allem eines aus den Medien, die sich durch harmonisches und solidarisches Verhalten auszeichnen.

Dieselben Frauen gaben aber auch an, die eigene Schwester kritisch zu sehen; sie erinnerten positives und negatives Verhalten.

Kulturelle Muster versperren den Blick auf die eigene Beziehungsrealität vor allem dergestalt, dass jede Abweichung sehr schnell als negativ, falsch und tadelnswert bewertet wird.

Daraus lässt sich schließen, dass unser mentales, d.h. geistiges Bild von der Wahrnehmung öffentlicher Schwestern bestimmt wird und wir unsere persönliche Situation an dieser anderen Realität oder gar dem Ideal messen.

Wie können also die kulturell gegebenen Bedingungen der Schwesternkonstellation überwunden werden? Sicherlich nicht, indem wir sie ignorieren, denn dazu sind sie zu allgegenwärtig in der uns täglich umgebenden Medienwelt.

Eine Lösung, die einfacher zu fordern als in die Tat umzusetzen ist, besteht in der gegenseitigen Anerkennung und Wertschätzung der jeweils anderen, in der Unabhängigkeit voneinander und der Fähigkeit, Unterschiede anzuerkennen und Gemeinsamkeiten zu leben.

„Schwestern sind wie beste Freundinnen" – dieser häufig formulierte Satz unserer Interviewpartnerinnen zeigt einmal mehr, dass die im frühesten Kindesalter getroffenen Prioritäten, nämlich dass die meiste Zeit mit der Mutter verbracht wird und dann mit den Geschwistern, ein ganzes Leben lang ausgebaut werden. Eltern bleiben in grundsätzlichen Dingen wichtig. Da sie die Familienwerte und -traditionen aufrechthalten, sind sie der Bezugspunkt zur eigenen Geschichte. Sie werden aber mit zunehmendem Erwachsenwerden der Kinder für deren Persönlichkeitsentwicklung unwichtiger. An ihre

Stelle treten die Gleichaltrigengruppen, allen voran die Geschwister. Die Rangfolge, ob Geschwister oder Freunde bedeutsamer werden, entscheiden meistens die biologischen Bande für sich: Man teilt mit beiden die Höhen und Tiefen des Lebens. Von Freunden kann man sich trennen – von Geschwistern jedoch nie.

Viele Frauen, mit denen wir sprachen, haben das, was Schwestern im besten Fall ausmacht, sehr treffend formuliert: Die Schwester ist **mehr** als eine Freundin.

ANHANG

Fragen an Schwestern

Die Interviews, die wir mit Frauen geführt haben, ihre Geschichten und einzelnen Ausschnitte aus ihrem Leben sowie unsere Interpretationsversuche zeigen eine breite Vielfalt an Schwesternbeziehungen. Darüber hinaus ermutigen sie vielleicht auch die eine oder andere Leserin, sich mit Erlebnissen oder Erfahrungen, die sie mit ihrer Schwester gemacht hat und die von Bedeutung für sie sind, auseinander zu setzen. Möglicherweise möchte sich die eine oder andere mit der Beziehung zu ihrer Schwester aber auch näher beschäftigen. Den folgenden Leitfaden haben wir zu diesem Zweck entwickelt. Er ist vorerst als gedanklicher roter Faden gedacht, der Ihnen zunächst helfen soll, die Beziehung zu Ihrer eigenen Schwester zu vergegenwärtigen. Außerdem soll er Sie darin unterstützen, insgesamt über das Verhältnis zu Ihrer Schwester etwas strukturierter nachzudenken.

Wie wir alle wissen, tradieren sich in Familien Verhaltensmuster. So hat unser Fragebogen noch eine weitere Funktion: Dieser Leitfaden ist gleichzeitig die Grundlage dafür, das eigene Verhalten im Umgang mit den eigenen Töchtern zu reflektieren – so Sie denn eine Tochter haben. Idealerweise soll er Ihnen helfen, die in Ihrem eigenen Leben wirksamen Stereotype zu erkennen. Sollten mit diesen Stereotypen schmerzhafte Erinnerungen einhergehen oder Ungerechtigkeiten, die Ihnen widerfahren sind, so können Sie diese gegenüber den eigenen Kindern, speziell Ihren Töchtern, versuchen zu umgehen.

Im Anschluss an den Fragebogen finden Sie eine Interpretationshilfe, die Ihnen weiterhelfen soll.

Fragebogen:

1. In welchem Jahr wurden Sie geboren?
2. Überlegen Sie bitte, wie das gesellschaftliche Familienbild zu der Zeit gewesen ist und welche Rollen den einzelnen Familienmitgliedern zugewiesen wurden.
3. Inwieweit war Ihnen die Ihnen zugewiesene Rolle in der Familie bewusst?
4. In welcher Reihenfolge wurden Ihre Geschwister geboren und welchen Rangplatz haben Sie inne?
5. Denken Sie, dass der Rangplatz in der Geschwisterreihenfolge für Ihre Entwicklung von Bedeutung gewesen ist? Bitte erinnern Sie sich an einzelne Episoden.
6. Können Sie sich an einzelne Szenen in Ihrem Leben erinnern, an denen Sie das Gefühl hatten, eine positive Beziehung zu Ihrer Schwester zu haben?
7. Können Sie sich an einzelne Szenen in Ihrem Leben erinnern, an denen Sie das Gefühl hatten, eine negative Beziehung zu Ihrer Schwester zu haben?
8. Wenn Sie eigene Kinder haben: Welche eigenen Kindheitserlebnisse in Bezug auf Ihre Schwester würden Sie Ihren Kindern wünschen?
9. Vor welchen würden Sie sie bewahren wollen?
10. Beschreiben Sie das Verhältnis zu Ihrer Schwester in verschiedenen Phasen:

    – als Kind,
    – in der Ausbildung,
    – als Sie erwachsen und selbstständig wurden und eventuell eine eigene Familie gegründet haben,

- als Ihre Kinder aus dem Haus waren und
- im Alter.

11. Prüfen Sie bitte, inwieweit die folgenden Aspekte in der Beziehung zu Ihrer Schwester eine Rolle gespielt haben oder spielen:

- Konkurrenz und Rivalität
- Verständnis und Freundschaft
- Stärke und Schwäche
- Macht und Dominanz
- Neid und Missgunst
- Liebe und Zuneigung
- Kooperation und Aufgabenteilung

12. Denken Sie bitte an Ihren Alltag. In welchen Lebenslagen würden Sie sagen, dass Sie Ihre Schwester am meisten brauchen?
13. Wann fehlt sie Ihnen?
14. Hat Ihre Schwester mittelbar (zum Beispiel über die Eltern) oder unmittelbar Ihren beruflichen Werdegang mit beeinflusst? Wenn ja, wie?
15. Und wie sieht es mit anderen privaten Entscheidungen aus? Hat Ihre Schwester hier mittelbar (zum Beispiel über die Eltern) oder unmittelbar Einfluss genommen? Wenn ja, wie?
16. Haben Sie umgekehrt besonders starken Einfluss auf Ihre Schwester genommen? Wobei?
17. Kennen Sie ein erwachsenes Schwesternpaar in der Nachbarschaft, im Bekannten- oder Freundeskreis?
18. Wie verhalten sich diese Schwestern zueinander?
19. Wie bewerten Sie dieses Verhalten?
20. Ganz generell betrachtet: Wie sollten sich Ihrer Meinung nach Schwestern verhalten?

> 21. Kennen Sie ein berühmtes Schwesternpaar (zum Beispiel aus dem öffentlichen Leben, Film, Fernsehen oder aus der Geschichte)?
> 22. Was beeindruckt Sie am meisten an diesen Schwestern? Was ist Ihnen in Erinnerung geblieben?
> 23. Kennen Sie die Geschwisterverhältnisse Ihrer Arbeitskollegen und -kolleginnen?
> 24. Wie stehen Sie zu der These, dass Schwestern auch im Arbeitsleben ein besonderes Verhalten zeigen? Wie schätzen Sie diese Aussage ein und haben Sie Ähnliches beobachtet?
> 25. Erwarten Sie selbst ein besonderes Verhalten der Kolleginnen am Arbeitsplatz, wenn diese Schwestern haben?
> 26. Und haben Sie das Gefühl, dass von Ihnen ein besonderes Verhalten erwartet wird, weil Sie eine Schwester sind?

Interpretationshilfe

Die **Fragen 1 bis 3** beziehen sich auf die gesellschaftlichen Rahmenbedingungen und die allgemeine Situation, als Sie aufgewachsen sind, sozusagen auf das Klima generell. Man geht in der Sozialisationsforschung davon aus, dass nicht nur das Elternhaus die Persönlichkeit prägt, sondern vor allem auch das so genannte gesellschaftliche Umfeld. Und das ist selbstverständlich abhängig von vielen Faktoren: der politischen Lage, der Sicht der Menschen auf ihre Mitmenschen, der Gestaltung der Geschlechterrollen und auch vom Verhalten der Geschlechter untereinander. Alle diese Gegebenheiten und deren Interpretationen prägen unsere Sicht der Dinge – und somit auch das Verhältnis zu unseren Geschwistern. Normen und Werte, die innerhalb der Familie weitergegeben werden, kennzeichnen darüber hinaus die Wunschvorstellungen von Schwesternbeziehungen und spiegeln gleichzeitig den Zeitgeist wider, vor dessen Hintergrund Eltern ihre Kinder erzogen haben.

Als ein typisches Beispiel für diesen Aspekt sollen die 70er Jahre etwas ausführlicher beschrieben werden. Es folgt anschließend ein Exkurs zur Entwicklung der Familienbeziehungen. Der soll verdeutlichen, dass der Umgang der Geschwister untereinander in gesellschaftliche Muster gebettet ist.

Die Fernsehserie mit dem Titel Ein Herz und eine Seele zeigte in den 70er Jahren – und aufgrund von Wiederholungen bis heute – einen Prototypen des deutschen Spießbürgers namens Alfred Tetzlaff. Seine reaktionären Sprüche garantierten damals mit jeder Ausstrahlung hohe Einschaltquoten. Er liegt sich mit seinem Schwiegersohn Michael, dem „langhaarigen Anarchisten", ständig in den Haaren. Und seine Frau Else, deren Lebensinhalt ihr Haushalt ist, ist gut beraten, wenn sie nicht allzu oft ihrem Mann widerspricht. Die Tochter Rita wird als ebenso naiv wie ihre Mutter dargestellt, hat aber eine eigene politische Meinung, die der von Michael ähnelt. Als permanenter Meckerer, Nörgler und Familientyrann sorgte das „Ekel Alfred" in den 70ern für anregende Unterhaltung und löste manche Diskussion über die deutsche Familie ebenso wie über die Resultate einer restriktiven Kindererziehung aus. Viele Sequenzen zeichneten eine bestimmte familiale Realität nach, wenn auch zum Teil durch ihre starke Verdichtung in überspitzter Form. Aber gerade darüber lachte das Fernsehpublikum – und das auch heute noch! Im Prolog zur ersten Folge vom 15. Januar 1973 wurden die damals wie heute gültigen Normenvorstellungen über die traditionelle Familie ironisiert:

„Noch vor vielen Jahren war eine Familie unbezweifelte Basis einer geordneten Gesellschaft. Da war eben, kurz gesagt, eine

Familie noch eine Familie. Heute ist das leider anders. Die allgemeinen Auflösungserscheinungen haben bedauerlicherweise auch vor dieser kleinsten Zelle der Nation nicht Halt gemacht. Das muss anders werden, meinen wir. Eine Familie muss wieder wie früher ein sicherer Hafen in dieser unsicheren Welt sein, wo jeder, Vater, Sohn, Mutter oder Tochter, wieder den Platz einnimmt, den ihm die Natur zugewiesen hat. Nicht allein auf sich gestellt dürfen wir den Lebenskampf bestreiten, sondern als harmonische Gemeinschaft."

Mit Fernsehsendungen wie dieser wurde die Frage gestellt, ob „die deutsche Familie" wirklich „ein Herz und eine Seele" ist, wie Alfred Tetzlaff sie in seiner reaktionären Art gerne hätte – oder von Krisen geschüttelt, wie eine große Zahl von Deutschen heute die Familie erlebt. Dabei neigen viele zu nostalgischen Vorstellungen und Verklärungen.

Idealisierte Bilder über Familienbeziehungen hat es zu allen Zeiten gegeben. Man wünschte sich stets ein harmonisches und konfliktfreies Leben in einer Großfamilie, in der jedes Familienmitglied für die anderen sorgte: Eltern für die Kinder und die Jungen für die Alten. Auch die Geschwister hatten füreinander zu sorgen: Mädchen für ihre Brüder gleich welchen Alters und jeweils die ältere Schwester für die jüngeren. Doch man muss zwischen einem familialen Ideal und der Familienrealität unterscheiden. So galt – und gilt zum Teil noch heute – als Familienideal die hochbürgerliche Familienform, wie sie sich Ende des 18. Jahrhunderts in dieser Schicht allmählich etabliert hatte: Die Ehefrau und Mutter ist nicht außerhäuslich erwerbstätig, sondern lediglich für Haushalt und Kindererziehung zuständig. Der Ehemann und Vater hat die zentrale Rolle des Familienernährers inne, ist für alle anderen Respektsperson und vertritt die Familie in der Öffentlichkeit.

Doch sowohl auf dem Land wie in kleineren Gewerbebetrieben oder in der Arbeiterschicht waren diese Familienstrukturen – vor allem was die Rolle der Frau angeht – nicht weit verbreitet, sondern sie stellten lediglich eine unter vielen Formen familiären Lebens dar.

Nach dem Zweiten Weltkrieg, in den 50er und 60er Jahren, dem „golden age of marriage", wie es in der amerikanischen Familiensoziologie bezeichnet wird, boomte die traditionelle bürgerliche Familie. Und nur in dieser Zeit stimmten Ideal- und Realbild in allen sozialen Schichten weitgehend überein. Der Mann übte das juristische Bestimmungsrecht über die Erziehung der Kinder aus. Er entschied über den Wohnort der Familie, über größere finanzielle Ausgaben der Familie, ferner ob seine Frau erwerbstätig sein durfte oder nicht usw. Die Quote der erwerbstätigen Mütter war damals am geringsten, die der Eheschließungen hoch. Man heiratete in einem früheren Alter als zuvor (und als heute) und die Zahl der Ehescheidungen war niedrig. Dieses westeuropäische Heiratsmodell wurde durch ein traditionelles Familienideal gestützt, das Ende der 60er Jahre in Deutschland zuerst von der Studenten- und anschließend von der Neuen Frauenbewegung in Frage gestellt wurde. Grundlegende sozialstrukturelle und normative Veränderungen – sogar Gesetzesänderungen wie die Abschaffung des „Kuppeleiparagrafen" 1973, die Neufassung des Familienrechts 1976/77 – haben seitdem neue Alternativen und soziale Handlungsspielräume eröffnet. Sie haben sowohl das Idealbild der Familie als auch die familiale Realität selbst verändert.

Seit den 70er Jahren hat die Vielfalt privater Lebensformen nicht nur in Deutschland stark zugenommen. Der Trend zu kleineren Familien, kinderlosen Ehen, Ein-Personen-Haushalten, zur außerhäuslichen Erwerbstätigkeit von Müttern, vor allem auch mit kleinen Kindern, zu egalitäreren Entscheidungsstrukturen zwischen den Ehepartnern hält unvermindert an. Folglich gibt es die Familie heute so wenig wie in der Vergangenheit. Zweifellos haben Familien weniger Mitglieder als nach dem Zweiten Weltkrieg und sie definieren sich in der Regel als eine relativ geschlossene Einheit gegenüber der Öffentlichkeit und grenzen sich von anderen Familien durch Privatheit beziehungsweise Intimität ab. Die strikte innerfamiliale Rollenverteilung und die Zahl der Familien mit allein verdienendem männlichem „Familienoberhaupt" haben stark abgenommen.

Unsere Überzeugung und vorsichtig formulierte These, dass sich der Umgang von Menschen sowie ihre Lebensbilder und -ideale durch die Sozialisation wie auch ihre Auswirkungen auf die eigene Biografie erklären lassen, liegt dem gesamten Fragebogen zugrunde, insbesondere aber den **Fragen 10 und 14 bis 16**. Anhand der Reflexion über das Verhältnis zur eigenen Schwester in verschiedenen Phasen der eigenen Entwicklung bis heute kann Einblick gewonnen werden in die gesellschaftlichen und innerhalb der Familie wirkenden Mechanismen.

Hierbei handelt es sich um eine größere Herausforderung. Setzt sie doch voraus, dass es einem möglich ist, sein eigenes Leben analytisch zu betrachten und – wie es bei jeder Analyse üblich ist – möglichst frei von Gefühlen, emotionslos wiederzugeben.

Die **Fragen 4 bis 7** beziehen sich auf die Geschwisterposition. Theoretische Überlegungen zu diesem Aspekt haben wir ausführlich im ersten Teil des Buches dargestellt. Ob jemand als älteste, mittlere oder jüngste Schwester von Schwestern oder von Brüdern geboren wurde, hat selbstverständlich Auswirkungen auf alle Lebensbereiche. Denn obwohl sich im Idealfall Eltern um eine Gleichbehandlung der Geschwister bemühen und allen Kindern eine individuelle Entwicklung zugestehen, sind sie nicht frei von gesellschaftlichen Zwängen und erziehen ihre Kinder nicht gleich. Erstgeborene, so haben wir oben ausgeführt, haben einen Vorsprung durch ihre Position und die daraus resultierende enge Beziehung zu den Eltern. Zweitgeborene oder mittlere Kinder sind zugleich jüngere Schwestern, haben aber nicht die exponierte Stellung der jüngsten Schwestern. Eine Fülle von Prägungen durch die Geburtenfolge gilt somit für zweitgeborene Geschwister allgemein. Handelt es sich nur um zwei Geschwister, also um ein Schwesternpaar, so kommt es häufiger zu deutlich ausgeprägten Gegensätzen als in einer Reihe von drei und mehr Geschwistern. Die jüngsten Geschwister dürfen die Zuwendung der Eltern ungetrübt erfahren. Aufgrund ihrer elterlichen Erfahrung pflegen sie wiederum einen souveräneren und flexibleren Erziehungsstil. Ältere Geschwister kompensieren dabei oftmals eine eifersüchtige Reaktion darauf, indem sie die jüngeren Schwestern als verwöhnt bezeichnen.

Die Ausgestaltung der Schwesternbeziehung wird in den **Fragen 11 bis 13** behandelt. Sie beziehen sich natürlich unter anderem auch auf die Position der Schwestern untereinander. Die Antworten darauf sollen aber darüber hinaus Aufschluss über die Wertvorstellungen in Bezug auf die gemeinsame familiale Herkunft geben. Wie wir bereits mehrfach erwähnt haben, handelt es sich dabei um den stärksten Garanten für gemeinsame Kindheitserfahrungen.

Diese Fragen richten sich auf eine nach innen gerichtete Perspektive der Beziehung. Anders verhält es sich bei den **Fragen 8, 9 und 17 bis 19**, die die externe Perspektive beleuchten. Die Auseinandersetzung mit der persönlichen Wahrnehmung anderer und somit sozusagen fremder Schwesternbeziehungen ermöglicht einen direkten Vergleich der eigenen Beziehung mit der des anderen Schwesternpaares. In diesem Zusammenhang können auch unterschiedlich geprägte Wertvorstellungen, Ideale und Lebensanschauungen geprüft werden und bestenfalls mit dazu beitragen, die eigene Beziehung zur Schwester zu relativieren beziehungsweise in einem anderen Licht zu betrachten.

Die **Fragen 22 bis 25** sollen schließlich dazu ermuntern, das eigene Verhalten in Bezug auf andere Schwesternbeziehungen kritisch zu hinterfragen. Daraus gewonnene Erkenntnisse können dann wieder Aufschluss über die eigene Situation geben.

Schließlich könnte die Auseinandersetzung mit dem Fragebogen auch dazu beitragen, die persönlichen Idealvorstellungen in Bezug auf Ihre eigene Schwesternbeziehung gründlich zu revidieren.

Grundlegende Literatur

Die nachfolgenden Titel geben wichtige Informationen zum Gesamtthema des Buches; Studien zu Einzelaspekten sind nur in den Anmerkungen aufgeführt.

Adler, Alfred: Menschenkenntnis. Frankfurt am Main 1966 (zuerst 1927). Alfred Adler (1870 – 1937), einer der frühen Schüler Freuds, entwickelte die individualpsychologische Richtung, die stärker die Lebensbedingungen und die positiven Persönlichkeitsmerkmale in den Mittelpunkt der psychologischen Arbeit stellte; daher erklärt sich auch sein Interesse an der Familie als dem bestimmenden Lebensumfeld des Einzelnen.

Cramon-Daiber, Brigit, Jaeckel, Monika, Köster, Barbara, Menge, Hildegard, Wolf-Graaf, Anke: Schwesternstreit. Von den heimlichen und unheimlichen Auseinandersetzungen zwischen Frauen. Reinbek 1983. – Das Buch ist ein Beispiel für die Inanspruchnahme von Schwesterlichkeit als politische Utopie innerhalb der neuen Frauenbewegung. Diese forderte immer wieder den Zusammenhalt unter Frauen aufgrund des biologischen Geschlechts, räumte dann aber sehr schnell mit der Vorstellung der fraglosen Harmonie und Solidarität unter Frauen auf.

Fishel, Elizabeth: Schwestern. Liebe und Rivalität innerhalb und außerhalb der Familie. Aus dem Amerikanischen von

Claudia Stadler. Frankfurt, Berlin: Ullstein 1994 (zuerst: Sisters. Love and Rivalry inside the family and beyond. 1979). – Sie geht von den Selbstbeschreibungen von Schwestern aus, die über Fragebögen gesammelt wurden, und versucht, die so sichtbar werdenden Muster mit den kulturell bereitgestellten Schwesternbildern zu vermitteln und zu erklären.

Kasten, Hartmut: Die Geschwisterbeziehung, Bd. 1 und Bd. 2. Göttingen 1993.

Klosinski, Gunther (Hg.): Verschwistert mit Leib und Seele. Geschwisterbeziehungen gestern–heute–morgen. Tübingen 2000.

Kraus, Helga, Kraus, Karin: Schwestern über Schwestern. Die Kunst der Balance. Frankfurt am Main 1991, Neuauflage 1999. – Die beiden Autorinnen, selbst Schwestern, stellen zunächst die Klischees über Schwestern in Wissenschaft und Alltag vor. Dann entwickeln sie, am Beispiel literarischer Texte und der darin gezeichneten Schwestern, die Vorstellung einer spannungs- und hierarchiefreien, sich gegenseitig ergänzenden Existenz von Schwestern.

Onnen-Isemann, Corinna, Rösch, Gertrud Maria (Hg.): Schwestern. Zur Dynamik einer lebenslangen Beziehung. Frankfurt am Main 2005.

Raabe, Katharina (Hg.): Deutsche Schwestern. Vierzehn biographische Porträts. Berlin 1997. – Die Herausgeberin füllt einen weißen Fleck, indem sie die Schwestern berühmter Frauen vorstellt und deutlich macht, wie und wo sie sich in ihrem Leben aufeinander beziehen.

Sulloway, Frank: Der Rebell der Familie. Geschwisterrivalität, kreatives Denken und Geschichte. Aus dem Amerikanischen von Klaus Binder und Bernd Leineweber. Berlin 1997. (zuerst: Born to Rebel. Birth Order, Family Dynamics, and

Creative Lives. 1996). – Er untersucht Lebensläufe europäischer und amerikanischer Persönlichkeiten aus zwei Jahrhunderten und konzentriert sich vor allem auf Faktoren wie die Reihenfolge der Geburt; damit weist er nach, dass später geborene Geschwister innovativ und offen für radikale Reformen sind, während die Erstgeborenen sich konservativ verhalten.

Toman, Walter, Familienkonstellationen. Ihr Einfluss auf den Menschen. München 2002.

Anmerkungen

1 Kaiser, Peter: Schwestern im familialen Systemkontext. In: Corinna Onnen-Isemann, Gertrud Maria Rösch (Hg.): Schwestern – Zur Dynamik einer lebenslangen Beziehung. Frankfurt am Main: Campus 2005, S.65-88. Er bezieht das ganze familiäre Umfeld in die Beantwortung der Frage ein, wo und warum sich Schwestern anders entwickeln und verhalten als Geschwister verschiedenen Geschlechts; überdies geht er auf die Halb- und Stiefgeschwister ein.

2 Ruth Klüger wurde vor allem durch ihr Erinnerungsbuch ‚Weiter leben' bekannt; ihre Argumentation ist nachzulesen in: Ruth Klüger: Frauen lesen anders. Essays. München 1996, S. 83-104.

3 Der wichtigste Anstoß zu einer anderen Sicht auf die Frau ging von dem Buch ‚Le deuxième sexe' (1949) der französischen Philosophin und Romanautorin Simone de Beauvoir (1908-1986) aus. Das weite Feld der Frauenforschung hat sich daraus mit dem Ziel entwickelt, die Mängel in der Sichtweise auf Frauen aufzuzeigen und ihren historischen Ursachen nachzugehen. Gleichzeitig war es die Frauenbewegung, die hier über die Forschung hinaus politische Änderungen durchsetzte. Die ‚Gender Studies' stellen in dieser Entwicklung die jüngste Stufe dar, auf der die Ergebnisse der verschiedenen Wissenschaften zusammengeführt werden. Einen Einstieg für weitere Informationen gibt der Band von Corinna Onnen-Isemann, Gertrud Maria Rösch (Hg.): Schwestern – Zur Dynamik einer lebenslangen Beziehung. Frankfurt am Main: Campus 2005.

4 Ausführlich erläutert diese Oper Kleinertz, Rainer: Schwestern auf der Opernbühne: Mozarts ‚Così fan tutte' unter Berücksichtigung der Schwesternkonstellation. In: Corinna Onnen-Isemann, Gertrud Maria Rösch (Hg.): Schwestern – Zur Dynamik einer lebenslangen Beziehung. Frankfurt am Main: Campus 2005, S. 187-208.

5 Weitere Belege für die vielfältige, positive Bedeutung von ‚Schwester' sowie für die Unterscheidung von ‚Schwesternschaft' und ‚Schwesterlichkeit' bei Gertrud Maria Rösch: Die unzärtlichen Schwestern. Zur Binnendifferenzierung des Weiblichen am Beispiel der Schwesterbeziehung. In: Akten des X. Internationalen

Germanistenkongresses Wien 2000. Hg. v. Peter Wiesinger. Bd. 10, Bern u.a. 2003, S. 57-66.
6 Katharina Raabe: Deutsche Schwestern. Vierzehn biographische Porträts. Reinbek: Rowohlt 1998 (zuerst: Berlin 1997). Darin finden sich die folgenden Essays: Eleonore Büning: Die Schöne, die Schlampe, die Faule, das Dummchen. Aloysia, Constanze, Josepha, Sophie – Mozarts ‚Weberische', S. 128-155; Gabriele Mittag: Schwesternreise ins Exil. Lilli Palmer, Irene Prador und Hilde Ross, S. 317-352 (Zitat S. 325); Michael Winter: Sister is watching you! Die Kessler-Zwillinge, S. 457-470.
7 Dies trifft auch zu auf die anschauliche und lesenswerte Biographie der Historikerin Brigitte Hamann: Elisabeth. Kaiserin wider Willen. München: Piper 1989 (zuerst: Wien, München 1981). Eine weiterführende Darstellung über die Schwester Helene stammt von Sigrid-Maria Größing: Zwei Bräute für einen Kaiser. Sisi und ihre Schwester Nené. Regensburg: MZ Verlag 1999.
8 Sigrid-Maria Größing: Zwei Bräute für einen Kaiser. Sisi und ihre Schwester Nené. Regensburg: MZ Verlag 1999, S. 62-63.
9 Brigitte Hamann: Elisabeth. Kaiserin wider Willen. München: Piper 1989, S. 80.
10 Sigrid-Maria Größing: Zwei Bräute für einen Kaiser. Sisi und ihre Schwester Nené. Regensburg: MZ Verlag 1999, S. 239.
11 Brigitte Hamann: Elisabeth. Kaiserin wider Willen. München: Piper 1989, S. 35.
12 Diesen Zusammenhang von Geschwisterposition und Neid erklärt Verena Kast: Neid und Eifersucht. Die Herausforderung durch unangenehme Gefühle. 3. Aufl. München: Deutscher Taschenbuchverlag 2000, bes. S. 25-28 und 133-138.
13 Dargestellt ist das Leben dieser vier Schwestern bei Dagmar von Gersdorff: ‚Den vier schönen und edlen Schwestern auf dem Throne.' Charlotte, Therese, Luise und Friederike, Prinzessinnen von Mecklenburg-Strelitz: Zwei Fürstinnen – zwei Königinnen. In: Katharina Raabe: Deutsche Schwestern. Vierzehn biographische Porträts. Reinbek: Rowohlt 1998, S. 13-41.
14 Nur begrenzt sind diese Darstellungskonventionen auch auf Fotografien übertragbar; eine Sammlung von Schwesternporträts mit Interviews bietet Ute Karen Seggelke: Schwestern. 30 Porträts in Bild und Text. Hildesheim: Gerstenberg 2002.
15 Elizabeth Fishel: Schwestern. Liebe und Rivalität innerhalb und außerhalb der Familie. Frankfurt, Berlin: Ullstein 1994, S. 19.
16 Verena Kast: Familienkonflikte im Märchen. 4. Aufl. Düsseldorf: Walter 1993. Die Möglichkeiten von Märchen werden auch deutlich bei Hans

Sohni: Die Bedeutung der Geschwisterbeziehung für die psychosexuelle Entwicklung. Geschwistermärchen als Modell. In: Hans Sohni (Hg.): Geschwisterlichkeit. Horizontale Beziehungen in Psychotherapie und Gesellschaft. Göttingen 1999, S. 32-54 (Psychoanalytische Blätter 12).
17 Brüder Grimm: Kinder- und Hausmärchen. Bd. 2. Hg. v. Heinz Rölleke. Stuttgart: Reclam 1980, S. 278-285, hier S. 279.
18 Elizabeth Fishel: Schwestern. Liebe und Rivalität innerhalb und außerhalb der Familie. Frankfurt, Berlin: Ullstein 1994, S. 181.
19 Schwesternkonstellationen sind ein weißer Fleck in der literarhistorischen Forschungslandschaft, sogar in dem relativ neuen Feld der feministischen Literaturwissenschaft und der Gender Studies. Die Beispiele dieses Kapitels stützen sich vor allem auf die Vorarbeiten von Gertrud Maria Rösch: Die unzärtlichen Schwestern. Zur Binnendifferenzierung des Weiblichen am Beispiel der Schwesterbeziehung. In: Akten des X. Internationalen Germanistenkongresses Wien 2000. Hg. v. Peter Wiesinger. Bd. 10: Geschlechterforschung und Literaturwissenschaft. Literatur und Psychologie. Medien und Literatur. Bern u.a. 2003, S. 57-66; Verwendbarkeit einiger lebendiger Details. Die Verschiebungen der Schwesterfiguren im erzählerischen Werk Heinrich und Thomas Manns. In: Thomas Mann Jahrbuch 16, 2003, S. 125-140.
20 Diesen engen Zusammenhang von kulturellem Konzept und Realität, der in einem Regelkreis in beide Richtungen formend wirkt, bestätigen auch Helga Kraus, Karin Kraus: Schwestern über Schwestern. Die Kunst der Balance. Frankfurt am Main: Helmer 1991, Neuauflage 1999, S. 101: „Schwesternbilder in der Literatur transportieren neben realen Elementen schwesterlicher Existenz verformte Bilder von Schwesternbeziehungen und damit auch Frauenbeziehungen in unserer Gesellschaft."
21 Die ausführliche Analyse eines Schwesternfilms und seiner Tradition ist nachzulesen bei Liebrand, Claudia: Zwillingsschwestern. Robert Siodmaks ‚The Dark Mirror'. In: Corinna Onnen-Isemann, Gertrud Maria Rösch (Hg.): Schwestern – Zur Dynamik einer lebenslangen Beziehung. Frankfurt am Main: Campus 2005, S. 209-227.
22 Elizabeth Fishel: Schwestern. Liebe und Rivalität innerhalb und außerhalb der Familie. Frankfurt, Berlin: Ullstein 1994, S. 126.
23 Kaiser, Peter: Familien-Erinnerungen. Zur Psychologie der Mehrgenerationenfamilie. Heidelberg: Asanger 1989, bes. S. 66-70.
24 Alfred Adler: Menschenkenntnis. Frankfurt am Main: Fischer 1966, S. 138ff.
25 Sigmund Freud: Über infantile Sexualtheorien. In: Gesammelte Werke Bd. 7. Frankfurt am Main: Fischer 1966, S. 174.

26 Diese Schwesterntypen werden beschrieben bei Walter Toman: Familienkonstellationen. Ihr Einfluss auf den Menschen. München: Beck 2002, S. 14-43 (Personenzusammensetzungen in der Familie); ebenso bei Helga Kraus, Karin Kraus: Schwestern über Schwestern. Die Kunst der Balance. Frankfurt am Main: Helmer 1991, Neuaufl. 1999, 43-58.
27 Elizabeth Fishel: Schwestern. Liebe und Rivalität innerhalb und außerhalb der Familie. Frankfurt, Berlin: Ullstein 1994, S. 23, belegt mit einer Studie, in der 25 Topmanagerinnen Einzelkinder oder erstgeborene Töchter sind, wie erstgeborene Töchter ihre besondere Konstellation in produktiver Weise nutzen.
28 Alfred Adler: Menschenkenntnis. Frankfurt am Main: Fischer 1966, S. 127.
29 Walter Toman: Familienkonstellationen. Ihr Einfluss auf den Menschen. München: Beck 2002, S. 24.
30 Imme de Haen: Aber die Jüngste war die Allerschönste. Frankfurt 1983.
31 Brigid McConville: Schwestern zwischen Hass und Liebe. München 1987 (zuerst: Sisters: Love and Conflict within the Lifelong Bond. 1985).
32 Die Situation der jüngeren Schwester, die in der Forschung weniger beachtet wurde, beschreiben ausführlich Helga Kraus, Karin Kraus: Schwestern über Schwestern. Die Kunst der Balance. Frankfurt am Main: Helmer 1991, Neuaufl. 1999, S. 58-72.
33 Elizabeth Fishel: Schwestern. Liebe und Rivalität innerhalb und außerhalb der Familie. Frankfurt, Berlin: Ullstein 1994, S. 156 und S. 183-191. Das „Thema der gegensätzlichen Schwestern" stellt sie in der Literatur als geradezu universal heraus.
34 Frank Sulloway: Der Rebell der Familie. Berlin: Siedler 1997, bes. S. 110-133, 305-308.
35 Walter Toman: Familienkonstellationen. Ihr Einfluss auf den Menschen. München: Beck 2002, S. 18-22.
36 Die Fragestellung und die Einzelergebnisse der Studie, v.a. die Stellungnahmen der Eltern, sind ausführlich nachzulesen bei Schlemmer, Elisabeth: Wie erleben Mädchen und Jungen die Geburt eines Geschwisters? Sozialemotionale Kompetenz und Leistungsverhalten aus Elternsicht. In: Corinna Onnen-Isemann, Gertrud Maria Rösch (Hg.): Schwestern – Zur Dynamik einer lebenslangen Beziehung. Frankfurt am Main: Campus 2005, S. 37-64.
37 Beispiele dafür finden sich bei: Schwestern berühmter Männer. Zwölf biographische Portraits. Hg. v. Luise F. Pusch. Frankfurt am Main: Insel 1985.
38 Faszinierend zu lesen ist das Brieftagebuch: Cornelia Goethe: Briefe und Correspondance Secrète 1767-1769. Hg. u. aus dem Französischen übertragen v. Melanie Baumman u.a. Freiburg: Kore 1990. Ergänzt wird

die Darstellung von der Biographie: Sigrid Damm: Cornelia Goethe. Frankfurt am Main: Insel 1992.
39 Helga Kraus, Karin Kraus: Schwestern über Schwestern. Die Kunst der Balance. Frankfurt am Main: Helmer 1991, Neuaufl. 1999, S. 44-50; ebenso 192-199.
40 Hartmut Kasten, zit.nach: Katia Thimm: Rivalen fürs Leben. In: Der Spiegel Nr. 2, 9.1.2006, S. 142-153, hier S. 150.
41 Frank Sulloway: Der Rebell der Familie. Berlin: Siedler 1997, S. 183.
42 Hartmut Kasten und Jürg Frick, zit.nach: Katia Thimm: Rivalen fürs Leben. In: Der Spiegel Nr. 2, 9.1.2006, S. 142-153, hier S. 147.
43 Erika Mann: Briefe und Antworten. 2 Bde. Hg. v. Anna Zanco Prestel. München: Edition Spangenberg 1984, 1985, hier Bd. 2, 240f.
44 Kerstin Holzer: Elisabeth Mann Borgese. Ein Lebensporträt. Berlin: Kindler 2001, S. 61.
45 Erika an Katia und Thomas Mann, in: Erika Mann: Mein Vater, der Zauberer. Hg. v. Irmela von der Lühe und Uwe Naumann. Reinbek: Rowohlt 1996, S. 125-131, hier S. 127
46 Heinrich Breloer: Unterwegs zur Familie Mann. Begegnungen, Gespräche, Interviews. 2. Aufl. Frankfurt am Main: Fischer 2001, S. 82.
47 Mann, Monika: Versuch über Erika Mann. In: Neue Deutsche Hefte 31, 1984, 830.
48 Heinrich Breloer: Unterwegs zur Familie Mann. Begegnungen, Gespräche, Interviews. 2. Aufl. Frankfurt am Main: Fischer 2001, S. 130; Kerstin Holzer: Elisabeth Mann Borgese. Ein Lebensporträt. Berlin: Kindler 2001, S. 46.
49 So die Auskunft von Klaus Pringsheim jr. in: Heinrich Breloer: Unterwegs zur Familie Mann. Begegnungen, Gespräche, Interviews. 2. Aufl. Frankfurt am Main: Fischer 2001, S. 226, der sie in diesen Jahren erlebte. Am 31.12.1948 notierte Thomas Mann sich im Tagebuch: „K[atia]. mitgenommen von Moni's hysterischem Benehmen, der prämeditierten Aufgabe ihrer Abreise mit Landshoffs nach New York. Mit Hilfe des jungen Pr[ingsheim]. in Hollywood untergebracht. Schwachsinnige Liebesaffaire dazu. Abneigung, mich um das alles zu kümmern. –"
50 Thomas Sprecher, Fritz Gutbrodt (Hg.): Die Familie Mann in Kilchberg. München: Fink 2000, S. 131.
51 Originalbrief von Erika an Monika, 31. 5. 1962, Stadtbibliothek München, Monacensia, Archiv Erika Mann, Konvolut 2783/79 und 801/96. Erika lag im Krankenhaus, weil sie das zweite Mal an der Hüfte operiert werden musste.
52 Originalbrief von Erika an Elisabeth Mann, Zürich, 19. 1. 1961, Stadtbibliothek München, Monacensia, Konvolut 56-67/80 sowie 32/84

und 803/96. Erika lag nach einem Sturz in der Klinik.
53 Marianne Krüll: Im Netz der Zauberer. Eine andere Geschichte der Familie Mann. Korrigierte und um das Register erweiterte Ausgabe Frankfurt am Main: Fischer 1993, S. 226.
54 Vgl. auch im Folgenden Onnen-Isemann, Corinna (2003): „Aspekte der Familienbildung in Frankreich, Spanien und Deutschland". In: Feldhaus, Michael, Logemann, Niels, Schlegel, Monika (Hg.): Blickrichtung Familie – Vielfalt eines Forschungsgegenstandes. Würzburg: Ergon 2003, S. 67–81.
55 BMFSFJ (Bundesministerium für Familie, Senioren, Frauen und Jugend) (2002): Vierter Bericht zur Lage der älteren Generation in der Bundesrepublik Deutschland: Risiken, Lebensqualität und Versorgung Hochaltriger – unter besonderer Berücksichtigung demenzieller Erkrankungen. Berlin, S. 122. – Wagner, Michael, Schütze, Yvonne, Lang, Frieder R.: Soziale Beziehungen alter Menschen. In: Karl Ulrich Mayer und Paul B. Baltes (Hg.): Die Berliner Altersstudie. Berlin: Akademie Verlag: 301–319.
56 Statistisches Bundesamt (Hg.): Leben und Arbeiten in Deutschland. Ergebnisse des Mikrozensus 2004, bearbeitet von Holger Breiholz/ Klaus-Jürgen Duschek, Esther Hansch, Manuela Nöthen u. a. Wiesbaden 2005.
57 Vgl. beispielhaft Burkart, Günther: Die Entscheidung zur Elternschaft. Eine empirische Kritik von Individualisierungs- und Rational-Choice-Theorien. Stuttgart 1994; Petzold, Matthias: Paare werden Eltern, 2. Aufl. Remscheid 1998.
58 Kasten, Hartmut: Die Geschwisterbeziehung, Bd. 1 und Bd. 2, Göttingen 1993.
59 Nauck, Bernhard/ Kohlmann, Annette: Values of children. Ein Forschungsprogramm zur Erklärung von generativem Verhalten und intergenerativen Beziehungen. In: Friedrich Busch/ Bernhard Nauck/ Rosemarie Nave-Herz (Hg.): Aktuelle Forschungsfelder der Familienwissenschaft. Würzburg 1999, S. 53–73.
60 Onnen-Isemann, Corinna: Ungewollte Kinderlosigkeit als Krise – Reproduktionsmedizin als Hilfe? In: Junge, Matthias, Lechner, Götz (Hg.): Scheitern. Aspekte eines sozialen Phänomens. Wiesbaden: VS Verlag für Sozialwissenschaften 2004, S. 123–140.
61 Nauck, Bernhard: Regionale Milieus von Familien in Deutschland nach der politischen Vereinigung. In: Bernhard Nauck, Corinna Onnen-Isemann (Hg.): Familie im Brennpunkt von Wissenschaft und Forschung, Neuwied 1995, S. 91–121.
62 Dorbritz, Jürgen, Schwarz, Karl: Kinderlosigkeit in Deutschland – ein Massenphänomen? Analyse zu Erscheinungsformen und Ursachen. In: Zeitschrift für Bevölkerungswissenschaft, 21, 3, 1996, S. 231–261.

63 Lutz, Wolfgang, Milewski, Nadja: Als Ideal angesehene Kinderzahl sinkt unter zwei. In: Demographische Forschung aus erster Hand, 1, 2, 2004, S. 1–2.
64 Alt, Christian (Hg.): Kinderleben – Aufwachsen zwischen Familie, Freunden und Institutionen. Bd. I: Aufwachsen in Familien, Wiesbaden: Verlag für Sozialwissenschaften 2005.
65 Karle, Michael, Kleefeld, Hartmut, Klosinski, Gunther: Geschwisterbeziehungen: Allgemeine Aspekte und die besondere Situation in Trennungs- und Scheidungsfamilien. In: Gunther Klosinski (Hg.), Verschwistert mit Leib und Seele. Geschwisterbeziehungen gestern – heute – morgen, Tübingen 2000, S. 155–175.
66 Vgl. Nave-Herz, Rosemarie: Ehe und Familiensoziologie. Weinheim und München: Juventa 2004.
67 Elisabeth Schlemmer: Wie erleben Mädchen und Jungen die Geburt eines Geschwisters? – Sozialemotionale Kompetenz und Leistungsverhalten aus Elternsicht. In: Corinna Onnen-Isemann, Gertrud Maria Rösch (Hg.): Schwestern – Zur Dynamik einer lebenslangen Beziehung. Frankfurt am Main: Campus 2005, S. 37–63. vgl. auch Kasten, Hartmut: Die Geschwisterbeziehung, Bd. 1 und Bd. 2. Göttingen 1993.
68 Bank, Stephen/ Kahn, Michael: Geschwister-Bindung. München 1994.
69 Chodorow, Nancy: Femininities, Masculinities, and Sexualities: Freud and Beyond. Lexington: University of Kentucky Press 1994.
70 Elisabeth Schlemmer: Wie erleben Mädchen und Jungen die Geburt eines Geschwisters? – Sozialemotionale Kompetenz und Leistungsverhalten aus Elternsicht. In: Corinna Onnen-Isemann, Gertrud Maria Rösch (Hg.): Schwestern – Zur Dynamik einer lebenslangen Beziehung. Frankfurt am Main: Campus 2005, S. 37–63.
71 Fend, Helmut: Entwicklungspsychologie des Jugendalters, 3. Aufl. - Opladen: Leske + Budrich, 2003.
72 Vgl. insbesondere Horstkemper, Marianne, Zimmermann, Peter (Hg.): Zwischen Dramatisierung und Individualisierung: geschlechtstypische Sozialisation im Kindesalter. Opladen: Leske + Budrich 1998.
73 Hennig, Margaret, Jardim, Anne: Frau und Karriere. Reinbek: rororo 1978.
74 Spreng, Maria: Geschlechtsrollenstereotype von Grundschulkindern. Hamburg: Kova 2005.
75 Nash, Sharon Churnin: Sex role as a mediator of intellectual functioning. In: Wittig, M.A., Petersen, A.C. (eds.): Sex related differences in cognitive functioning. New York: Academic Press 1979, pp.263–302.

Stichwortverzeichnis

A
Abhängigkeit der Zweitgeborenen 73
Abnahme der Häufigkeit von Geschwisterbeziehungen 101ff.
Abstammung von denselben Eltern 19, 105f., 155
Adler, Alfred 69ff.
Allianz gegen die Eltern 119, 151
Amy oder Die Metamorphose, Roman 139
Anpassung der jüngeren Schwester an die ältere 83
Aschenputtel 38f., 41, 138
Aspekte der Bevölkerungsentwicklung 99ff.
Auswirkung von Schwesternbeziehung im Arbeitsleben 140ff.

B
Bank, Stephen 119
Beauvoir, Simone de 17, 122
Bedürfnis nach Individualität 57, 67
Beethoven, Ludwig van 19
Beziehung zur Mutter in frühester Kindheit 79
Bloch, Ernst 84
Brontë-Schwestern 139

C
Caroline und Stephanie, Prinzessinnen von Monaco 139
Chodorow, Nancy 122
Christine und Yvonne Lerolle, Bild 33
Così fan tutte, Oper 21
Curie, Bronia und Marie 139

D
Das andere Geschlecht 122
Das doppelte Lottchen 139
Die bleierne Zeit, Film 61
Die Schwestern, Bild 33
Die Töchter Boit, Bild 37
Die unschuldigen Jahre, Roman 42f., 51ff.
Duve, Karen 42f., 48, 55f.

E
Einfluss der Eltern auf die Schwesternbeziehung 79f.
Einfluss der Geschwisterkonstellation auf die Wahl der eigenen Familienform 109
Elisabeth, Prinzessin in Bayern, Kaiserin von Österreich, und Helene 26ff.
Eltern als Vermittlungsinstanz von gesellschaftlichen Normen und Werten 79ff.
Ena und Betty Wertheimer, Bild 34
Entwicklungsvorsprung der Mädchen 126f.

Erstgeborene Tochter/Schwester
70ff., 84, 123f.
- Konkurrenzgefühle s.d.
- Machtposition 70
- Mütterlichkeit s.d.
- Verantwortungsgefühl 16, 70f., 76
Erwartungen, gesellschaftliche 18, 80, 107f., 122, 131f., 140, 145, 149

F
Fend, Helmut 126ff.
Fishel, Elizabeth 38, 42, 58, 74, 82
Fontane, Theodor 42
Frau Holle 40, 55
Frauen im 18. Jahrhundert 20
Frauenbild, kulturelle Prägung im 18. Jahrhundert 20
Freud, Sigmund 69, 71, 122, 125
Frick, Jürg 84
Funktionswandel von Kindern 108

G
Gegensätze bei Schwestern 38, 45f., 50, 55ff., 79
Geschlechtsrollenstereotype, tradierte 80f., 132ff.
Geschwisterforschung, Richtungen der 69, 71, 105ff.
Geschwisterreihenfolge 16, 70, 75f., 78, 82, 106
  - Entwicklung der Geschwister abhängig von der Reihenfolge 82ff.
  - Konfliktstrukturen innerhalb der Geschwisterfolge 69, 95
Goethe, Cornelia 77f.
Goethe, Johann Wolfgang 54, 77f.
Große kleine Schwester, Roman 43ff.

H
Haen, Imme de 73f.
Hannah and her Sisters, Film 62
Hanni und Nanni 138
Harmoniezwang 19, 24, 30, 34, 121, 163
Härtling, Peter 42f., 47, 56
Hennig, Margaret 132
Herkunftsfamilie 108, 110, 152
Hilary and Jackie, Film 63
Hilton-Schwestern 139
Hoffmann-Schwestern 140
Hofmannsthal, Hugo von 42

I
Identifikation mit dem gleichgeschlechtlichen Geschwister 125, 130
Identitätssuche und -findung 66, 74f., 80, 133, 163
In her Shoes, Film 66

J
Jardim, Anne 132
Jeunes filles au piano, Bild 33

K
Kahn, Michael 119
Kaiser, Peter 16, 70
Karle, Michael 115
Kast, Verena 39
Kasten, Hartmut 82, 84, 106
Kessler, Alice und Ellen 26, 138f.
Kling, Anja und Gerit 139
Klüger, Ruth 19
Konkurrenz unter Geschwistern 56, 71, 120, 139f., 163
Konkurrenzgefühle der Erstgeborenen 124
Konkurrenzkampf der jüngeren Schwester 74

Stichwortverzeichnis

L
La leçon au piano, Bild   33
Lanyi, Jenö   88, 90, 96
Lebensweise von Frauen, idealisierte   21
Leland Sisters, Bild   32
Lengefeld-Schwestern   139
Les Soeurs Fachées, Film   65
Liebrand, Claudia   56
Little Women, Film   58
Loyalität gegenüber den Eltern   153
Luise und Friederike, Prinzessinnen von Preußen   31f., 32
Lukas-Evangelium   55

M
Mann, Elisabeth   86ff., 93ff., 138
Mann, Erika   86ff., 138
Mann, Golo   87, 91, 96
Mann, Klaus   85, 95
Mann, Michael   87ff., 93
Mann, Monika   86, 88ff., 138
Mann, Thomas   85ff., 91, 93, 95
Männlichkeitsstereotype, klassische   134f.
Märchen   39ff., 55f., 138
McConville, Brigid   74
Misses Vickers, Bild   36
Mittel, bildkünstlerische   32ff.
Morisot, Berthe   33f.
Mozart, Constanze und ihre Schwestern Aloysia und Josepha   25
Mozart, Johann Wolfgang   21f., 25
Müller, Otto   35
Mulot, Sibylle   42f., 51
Mutter als Vermittlungsinstanz von gesellschaftlichen Normen und Werten für die Frau   80f.
Mütterlichkeit der erstgeborenen Schwestern   71f., 76, 79, 88, 122f.

O
Olsen-Zwillinge   140

P
Palmer, Lili   26
Practical Magic, Film   64
Pride and Prejudice, Roman   139
Pringsheim, Klaus   90
Pubertät   115, 125, 128ff.
- Unterschiede bei Jungen und Mädchen   128

R
Raabe, Katharina   25
Reaktion auf die Geburt eines weiteren Geschwisters   76f.
Regenroman, Roman   42f., 48ff., 55
Renoir, Auguste   32
Rückgang der Geburtenzahlen   99ff.

S
Sargent, John Singer   34, 36
Sasameyuki, Film   62
Schadow, Gottfried von   31
Schlemmer, Elisabeth   76, 119, 123
Schneeweißchen und Rosenrot   38ff., 138
Scholl, Inge und Sophie   139
Schwester und Bruder   76ff.
Schwesternbilder, tradierte   121, 137ff., 163
Schwesternschaft, biologische   15, 19, 22ff., 47f., 51, 67
Schwesternschaft, emotionale   19, 23f., 28, 51, 67, 140
Sisi → Elisabeth, Prinzessin in Bayern
Sister, Sister, Film   63
Sisters, Film   61
Some Girls, Film   63
Sprung-Paare   75

Stereotype, kulturell verwurzelt 23f. → Erwartungen, gesellschaftliche
Sulloway, Frank 74f., 82ff.
Sully, Thomas 32
Symbiotische Schwesternbeziehung 39, 47, 57, 147ff.

T
The Dark Mirror, Film 59
Tiefe Bindung älterer Schwestern 120
Toman, Walter 70
Two Sisters from Boston, Film 58

U
Unterschied, ob Bruder oder Schwester der/die Älteste ist 76f.

V
Vášáryová, Emilia und Magda 140
Vater als Vermittlungsinstanz von gesellschaftlichen Normen und Werten für die Frau 81
Verhalten, stereotypes schwesterliches 22, 31, 143, 146
Verhaltensmuster von jüngeren und älteren Schwestern 51ff. → Schwesternbilder, tradierte
Viktoria und Madeleine, Prinzessinnen von Schweden 139
Virgin Suicides, Film 65

W
Weiblichkeitsstereotype, klassische 134
Wertevermittlung in der Familie 119
Whatever happend to Baby Jane, Film 60
Williams, Serena und Venus 140

Z
Zillig, Maria 125
Zwangsgemeinschaften, Geschwisterbeziehungen sind 117
Zweitgeborene Töchter/Schwestern 72ff., 124

Über die Autorinnen

Prof. Dr. Corinna Onnen-Isemann ist seit Sommer 2003 Professorin für Gender Studies an der Universität Regensburg. Derzeit forscht sie unter anderem über kinderlose Frauen und Frauengesundheit.

Prof. Dr. Gertrud Maria Rösch lehrt und forscht als Literaturwissenschaftlerin an der Universität Heidelberg. Schon seit längerem beschäftigt sie sich mit dem Thema Schwesterbeziehung in der Gegenwartsliteratur sowie in Texten des 18. und 19. Jahrhunderts.

Unter der E-Mail-Adresse schwesternbeziehungen@web.de können Sie sich mit den beiden Autorinnen in Verbindung setzen.